高职高专物业管理专业系列教材

物业维修服务与管理

全国房地产行业培训中心组织编写
吴锦群　主编
范玉琢　主审

中国建筑工业出版社

图书在版编目(CIP)数据

物业维修服务与管理／全国房地产行业培训中心组织编写.
北京：中国建筑工业出版社，2004
（高职高专物业管理专业系列教材）
ISBN 978-7-112-06624-7

Ⅰ．物… Ⅱ．全… Ⅲ．①物业管理—高等学校：技术学校
—教材②建筑物—维修—高等学校：技术学校—教材③建筑物
—养护—高等学校：技术学校—教材　Ⅳ．①F293.33②TU746

中国版本图书馆 CIP 数据核字（2004）第 056576 号

本书为高等职业教育物业管理专业系列教材之一，全书共分十章。主要内容包括：建筑物的查勘与鉴定、房屋地基基础及地下室的维修与养护、砌体结构的维修与养护、钢筋混凝土结构维修与养护、钢木结构的维修与养护、屋面防水维修与养护、房屋装饰装修的维修与养护、房屋附属设施养护管理、房屋修缮施工与技术管理、房屋修缮工程造价管理。

本书既可作为高等职业教育物业管理专业的教材，也可供相关专业技术人员学习、参考。

* * *

责任编辑：张　晶
责任设计：孙　梅
责任校对：黄　燕

高职高专物业管理专业系列教材
物业维修服务与管理
全国房地产行业培训中心组织编写
吴锦群　主编
范玉琢　主审

*

中国建筑工业出版社出版、发行（北京西郊百万庄）
各地新华书店、建筑书店经销
化学工业出版社印刷厂印刷

*

开本：787×1092 毫米　1/16　印张：9　字数：216 千字
2004 年 8 月第一版　　2011 年 8 月第七次印刷
定价：15.00 元
ISBN 978-7-112-06624-7
（20868）

版权所有　翻印必究
如有印装质量问题，可寄本社退换
（邮政编码 100037）

本社网址：http://www.cabp.com.cn
网上书店：http://www.china-building.com.cn

《高职高专物业管理专业系列教材》编委会名单

（以姓氏笔画为序）

主　　任：肖　云

副 主 任：王　钊　杨德恩　张弘武　陶建民

委　　员：王　娜　刘　力　刘喜英　佟颖春　汪　军

　　　　　吴锦群　张莉祥　张秀萍　段莉秋　杨亦乔

参编单位：全国房地产行业培训中心

　　　　　天津工商职业技术学院

　　　　　天津市房管局职工大学

前 言

房屋养护、修缮管理是物业管理工作的重要一环，对房屋养护、修缮管理的好坏是物业企业能否赢得业主信赖的重要条件之一。由于物业公司科学优质的服务管理能延长房屋的使用寿命，显著提高房屋及其环境的使用质量，精心维护好房屋还能使业主从经济上直接获益。所以作好养护、修缮服务管理能使处于市场化运作的物业管理公司与其服务的业主之间获得"双盈"。

本教材为高职高专物业管理专业系列教材之一，它全面阐述了房屋及其附属物损坏、维修、养护、管理的相关知识，力求管理的可操作性，既有修缮专业知识又有修缮管理经验，对初学者和物业管理专业人员均有一定指导作用。本教材考虑了各地各类新旧房屋修缮管理情况，力求使学员对将来可能遇到的多种情况有较全面的了解。

本教材由范玉琢（天津房屋鉴定设计院原院长，享受国务院津贴的房屋查勘、鉴定、修缮专家）总工程师主审。绪论为天津市安华物业公司朱禧经理编写；第一章为天津市房管局职工大学杨永利老师编写；第二、五、七、八、九、十章为天津市房管局职工大学吴锦群老师编写；第三、四、六章为天津市房管局职工大学饶春平老师编写。在编写过程中天津物业处孙超处长给予了大力支持，天津市房管局职工大学的王力、陈晗、孙茜老师，李爽同学为第二、五章的插图付出了辛勤的劳动，天津市体育馆房管站的周滨同志也给予了大力支持，在此表示衷心感谢。

由于编者能力、水平及经验所限，书中难免存有不足之处，恳请读者批评指正。

目 录

绪论 ··· 1

第一章　建筑物的查勘与鉴定 ··· 7
　第一节　建筑物的查勘 ··· 7
　第二节　建筑物的鉴定 ··· 8
　本章小结 ·· 15
　复习题 ·· 15

第二章　房屋地基基础及地下室的维修与养护 ··· 16
　第一节　地基基础工程的修缮、加固 ·· 16
　第二节　地下室的维护 ·· 25
　本章小结 ·· 32
　复习题 ·· 32

第三章　砌体结构的维修与养护 ·· 33
　第一节　砌体结构的一般知识 ·· 33
　第二节　砖砌体结构的损坏与查勘 ··· 36
　第三节　砖砌体结构的维修与加固 ··· 39
　本章小结 ·· 41
　复习题 ·· 42

第四章　钢筋混凝土结构维修与养护 ·· 43
　第一节　钢筋混凝土结构的一般知识 ·· 43
　第二节　钢筋混凝土结构的损坏与查勘 ··· 45
　第三节　钢筋混凝土结构的维修与加固 ··· 48
　本章小结 ·· 52
　复习题 ·· 52

第五章　钢、木结构的维修与养护 ··· 53
　第一节　钢、木结构的一般知识 ·· 53
　第二节　钢、木结构的缺陷与检查 ··· 54
　第三节　钢、木结构的修缮与加固 ··· 56
　第四节　钢、木结构的养护与管理 ··· 62
　本章小结 ·· 63
　复习题 ·· 63

第六章　屋面防水维修与养护 ·· 64
　第一节　屋面防水的一般知识 ·· 64
　第二节　柔性防水屋面的维修与养护 ·· 68

第三节　刚性防水屋面及维修 …………………………………………… 75
　　第四节　平瓦屋面的维修 ………………………………………………… 77
　　第五节　屋面防水维修管理 ……………………………………………… 78
　　本章小结 …………………………………………………………………… 80
　　复习题 ……………………………………………………………………… 81
第七章　房屋装饰装修的维修与养护 ………………………………………… 82
　　第一节　门窗的修缮与养护 ……………………………………………… 82
　　第二节　墙面的修缮与养护 ……………………………………………… 87
　　第三节　地面的修缮与养护 ……………………………………………… 99
　　第四节　顶棚的维修与养护 ……………………………………………… 104
　　本章小结 …………………………………………………………………… 107
　　复习题 ……………………………………………………………………… 107
第八章　房屋附属设施养护管理 ……………………………………………… 108
　　第一节　阳台、雨篷的养护管理 ………………………………………… 108
　　第二节　通风道、垃圾道及各种管道井的养护和管理 ………………… 109
　　第三节　楼梯、门厅、通道的养护管理 ………………………………… 110
　　第四节　台阶、散水的养护管理 ………………………………………… 111
　　本章小结 …………………………………………………………………… 112
　　复习题 ……………………………………………………………………… 112
第九章　房屋修缮施工与技术管理 …………………………………………… 113
　　第一节　房屋修缮的施工管理 …………………………………………… 113
　　第二节　房屋修缮的技术管理 …………………………………………… 116
　　本章小结 …………………………………………………………………… 117
　　复习题 ……………………………………………………………………… 118
第十章　房屋修缮工程造价管理 ……………………………………………… 119
　　第一节　修缮工程预算的编制 …………………………………………… 119
　　第二节　房屋修缮的工料计算 …………………………………………… 126
　　第三节　修缮工程成本管理 ……………………………………………… 130
　　本章小结 …………………………………………………………………… 135
　　复习题 ……………………………………………………………………… 135
参考文献 ………………………………………………………………………… 136

绪　论

一、物业维修服务的研究对象及任务

城市物业(物业在此书中特指房屋)是人们进行生产、生活、学习和工作必不可少的物质基础,它也是国家、社会和人民的巨大财富。随着城市现代化建设的发展,城市房屋不仅数量激增,而且房屋类型多样,功能齐全。面对国家、社会和全体人民这一巨大且日益增长的物质财富,如何保障其正常的使用功能,延长其使用寿命,则是摆在物业管理者面前的一项重要使命。因此,重视对物业的维修、养护和管理,其重要意义就不言而喻了。

近年来,在人们面对重建设、轻管理而导致物业一年新、二年旧、三年破的严峻现象后,从理性上对物业的维修、养护管理之重要性有了进一步的认识,开始接受物业公司对物业加大管理的认可。而物业公司一改传统的房屋管理模式,采用了市场化的运作方式对物业开展了全方位、立体式的综合性服务。范围涉及清洁、绿化、安全、维修等多个方面,其中物业维修服务成为整个物业管理活动中必不可少的重要工作,并已形成对物业使用功能和使用寿命具有一定保障能力的管理模式。

物业管理重要环节之一的物业维修服务,是一种经常的、持久的,基本性工作。其任务是:物业管理企业依据委托管理合同,按照科学的管理程序和维修技术管理要求,对所辖区域内的物业,自建成到报废为止的整个使用过程中,由于自然因素、人为因素造成的物业损坏,进行维护、保养、修缮、装修、翻新、改造等多种工作。其目的是:延长物业使用年限、改善物业使用条件。它所研究的对象,是在充分利用原有物业功能、质量和技术条件的前提下,对物业损坏的原因、程度寻求最佳的修理养护或拆、改、建方案,因地制宜地将物业维修、养护好。

由于物业维修工作是在原有物业的基础上进行养护、修复或更新工作,所以,不仅要考虑物业的原有结构、风格,也要考虑地理条件和环境,还要考虑与相邻房屋或其他构筑物间的协调。它的工作性质是以建筑工程专业及其相关专业技术知识为基础的具有特殊技术要求的工作。这个工作的特点是综合性、专业性和操作性都很强。

二、物业维修服务的方针、原则及标准

(一)物业维修服务的方针

城市房屋是国家、社会和人民的一笔巨大财富,是城市赖以存在和发展的重要物质基础,是国民经济的重要组成部分。纵观我国基础建设改革和发展的过程,应该说从解放后到党的十一届三中全会前,住房供需矛盾一直十分突出,城市人均居住面积只有 $4.2m^2$。党的十一届三中全会后,国家加快了住宅建设速度,成功地启动了城市住房市场和土地市场,但城市人均居住面积仍然只有 $6.1m^2$,而且全国各地居住水平差异很大。进入 90 年代后,国家在住宅建设方面引导投资力度不断加大,住房供需矛盾得以缓解,全国城市居民的居住水平早已经实现和超过了人均居住面积 $8m^2$ 的水平,但因我国国情所致,养护、改造好旧有物业,仍是我国的一项基本国策,还需要通过充分挖掘现有住房潜力,如通过接长、搭阁、加层等方法,改善居民居住条件。据一项调查统计资料表明,目前我国城镇现有住房已近80亿m^2,而且随着我国住房体制改革的进一步深化,还将在目前的基础上逐年攀升,假如以每平方米造价1000元计算,房屋的总价值约为80000亿元。所以,管理和维修好城市房屋不仅是充分利用和保护好这笔巨大社会财富的问题,也关系到千家万户安居乐业和社会主义现代化的发展。因此,挖掘现有住房潜力,改善居民居住条件,延长物业的使用年限,减少自然淘汰率,则将是物业维修服务的长期工作和任务。

结合我国的实际情况,对物业维修服务的方针应该是:实行管养合一,综合治理,调动各方面的因素对现有物业做好养护、维修;积极开展房屋的小修养护,实行综合有偿服务,严格控制大片拆建、中修与拆留结合的综合改建;结合大城市现代化进程需要改善城市景观,集中力量改造简陋平房,保证用户的住用安全;有步骤地轮流搞好综合维修,以提高房屋的质量、完好程度和恢复、改善其使用功能,最终达到以尽量少的投入获得提高房屋的使用年限与使用功能的目的。

(二) 物业维修服务的原则

房屋类型很多,表现在结构形式、建筑材料以及建筑标准和使用功能的不同,还表现在有高、低多层上的不同,及建筑风格的不同等方面。对各种类型的房屋,依据什么要求、标准进行维修,要有与之适应的规范、标准。物业维修服务的总原则是:美化城市、造福人民、有利生产、方便生活。为人民群众的居住生活服务、为国民经济发展服务。具体原则有:

1. 坚持安全、经济、合理、实用的原则

(1) 安全,是房屋的首要原则。就是要通过物业管理与维修服务使辖区内建筑物主体结构不发生明显损坏和倒塌现象,达到房屋主体牢固。保证业主或使用人的住用安全,特别是对尚需利用的老物业要做好防范措施,加强维护和保养。对危陋住房要有计划地拆建,保证房屋不发生安全事故。

(2) 经济,就是要加强维修工程的成本管理,处处本着节约的原则使用维修基金,使用人力、物力、财力要做到恰到好处,尽量少花钱多修房。

(3) 合理,就是制定合理维修计划与维修方案,按照国家的规定标准进行维修。不扩大修缮范围,不无端提高标准。对新建物业的维修首先要做好日常维修和保养,其次要做好综合管理,以保持物业原貌,对旧物业的维修要做到充分、有效、合理,能修则修,应修尽修,全面养护。

(4) 实用,就是从实际出发,因地制宜地进行维修,满足用户在物业使用功能和质量上的需求,充分发挥房屋的潜能。

2. 坚持不同维修标准的原则

对不同建筑结构、不同等级标准的物业,采取不同的修缮标准。比如,对结构较好,设备较齐全,等级较高的物业,应按原有的建筑风格与标准进行修缮;对涉及城市改造规划、近期内需要拆除的物业,在保证居住人安全的前提下,应以简修为主。对本城市、本部门的旧有房屋维修原则的制定,首先应该做好的是物业现状的调查分析工作,依据房屋建筑的历史年代、结构质量状况、房屋使用标准、环境质量以及所在地区的特点等综合条件,结合本城市总体规划的要求,对旧住宅及所在地区进行分类,采取不同的维修改造方针。

3. 维修物业不受损坏原则

各类物业是社会物质财富的组成部分,及时维修旧损物业,对物业注意保养、爱护使用,保持物业正常的使用功能和基本完好,维护物业不受损坏是物业维修工作的重要内容。维修物业不受损坏要做到"能修则修、应修尽修、以修为主、全面保养"。

4. 为业主或使用人服务原则

物业维修服务的目的是为了不断满足社会生产和居民居住生活的需要,延长物业使用年限。因此,在物业维修服务上必须切实做到为业主或使用人服务。建立健全、科学、合理、规范的物业维修服务制度并培训好维修服务人员,真正树立为业主服务的思想,认真帮助业主解决困难。按照价值规律,商品经济等价有偿的原则,物业维修需投入建材、劳务、机具、管理等,它应该是一种有偿服务,应由业主和使用人来承担这笔费用。

(三) 物业维修服务的标准

物业维修服务的标准是在物业维修原则的基础上制定的。国家建设行政主管部门颁布的《房屋完损等级评定标准》是按照我国目前物业的现状,针对物业的结构、装修、设备三个组成部分的完损状况,制定出不同的维修标准。物业的完损状况分为五个标准:完好标准、基本完好标准、一般损坏标准、严重损坏标准、危险房标准。

三、物业维修服务的分类及工作程序

物业维修有狭义和广义之分。狭义的物业维修仅指对物业的养护和维修;广义的物业维修则包括对物业的养护、维修和改建,具体地说是对物业的日常保养,对损坏物业的维修,以及对不同等级物业功能的恢复、改善,装修、装潢,同时结合着物业维修加固,增强物业抗震能力。

物业交付使用后,由于设计或施工上的疏忽、材料的缺陷,或受自然因素影响的风化、侵蚀及使用过程的损坏等原因,常导致物业使用功能的减弱,因而需要不断地修理与养护,修理的范围有小有大,程度有简单有复杂。同时,随着时代的要求和科学技术的发展,修理也不再是只进行原样修复,而是向改善、创新的方向发展。所以,物业修理除了维护和恢复物业原有功能这个基本内容之外,还有对物业进行改善和创新的内容。

(一) 物业维修工程的分类

以物业损坏的程度为依据(物业损坏程度的划分以结构为主,考虑装修、设备和环境条件),按物业的工程规模、结构性质和经营的性质进行划分。

(1) 维修工程按工程规模划分为四类:

1) 完好或基本完好的物业,应经常进行养护(包括小修或碎修);

2) 一般损坏的物业,应进行中修工程的修缮;

3) 严重损坏的物业,应进行大修工程的修缮;

4) 危险物业,应进行拆除重建。

(2) 按物业结构划分,分为结构修缮养护和非结构修缮养护两类:

1) 结构养护是指对物业的基础、承重墙、梁、柱及屋顶结构等主要受力构件进行修理养护。结构的修理与养护是物业修理养护的关键,只有保证了结构的安全,非结构的修理与养护才有意义。

2) 非结构修理养护是指对物业的装修、装饰、门窗、非承重墙、防水层、给排水管道、卫生设备、电气设备等部位的修理养护。非结构修理与养护对结构起着保护作用,同时,也是充分发挥物业使用功能必不可少的条件。

因此,二者相互依存,都应当引起重视。

(3) 按经营管理性质划分,可分为恢复性修缮、赔偿性修缮、救灾性修缮和返工性修缮等四类。

(二) 物业修缮工程程序

查勘→鉴定→设计→工程预算→工程申报→搬迁住户→工程准备→修理施工→工程验收→工程结算→工程资料归档。

总之,为搞好物业修缮工作,除应了解上述程序外,还应具备物业修缮工程基本技术知识,熟悉有关法令、规定、标准及制度等,协调各有关部门、单位之间的关系,落实修缮工程计划,本书将详细介绍各类修缮技术和相关养护管理知识。

四、物业维修服务的内容及管理

物业维修管理包括物业日常质量安全检查的管理、物业维修的施工管理和物业维修的行政管理。物业管理公司是按照一定的科学管理程序和一定的维修技术管理要求,依据国家和地方有关城市物业维修的法规、标准和方针、政策,对所经营管理的物业进行查勘、鉴定;确定维修方案;安排维修计划;落实维修基金;进行质量监督和竣工验收;建立物业技术档案;监督业主或使用人合理使用等各项管理工作。

要使物业满足人们生产、生活和学习的需要,必须设法保证物业结构始终处在正常状态。而物业管理的好坏,在很大程度上又取决于对物业养护、维修、管理的成果。其中,物业的养护工作是物业管理公司向业主或使用人提供的最普通、最经常的服务项目。对物业进行科学、合理地养护,不仅能为居民和使用者提供方便、延长维修的周期、推迟综合维修的时间、节约维修资金,而且有利于防止物业结构缺陷的产生和扩大,延长物业的使用寿命。

(一) 物业日常养护

物业养护从本意来看是指保养维护房屋建筑的意思。这里的物业养护是指物业管理公司对房屋建筑的日常保养和护理,以及对出现的轻微损坏现象所采取的必要修复等。物业养护工作包含的内容有:物业零星损坏日常修理、季节性预防保养以及物业的正确使用、管理等工作,这也是物业管理公司对物业业主和使用人最直接、最经常的服务工作。加强物业日常养护,除了物业管理公司本身的行为以外,还要注意向业主或使用人宣传爱房知识,使使用者按房屋的设计功能合理使用。特别是在业主或使用人进行物业的二次装修时,物业管理公司更应加强必要的指导和监护。物业养护同物业维修一样,都是为了物业能正常使用,但两者之间又有区别:维修工程是在相隔一定时期后,按需开工进行一次性的大、中修;而物业养护则是指经常性的零星修缮,及时地为广大住户提供服务项目,以及采取各项必要的预防保养措施。

(二) 物业日常养护的类型和内容

物业日常养护可分为小修养护、计划养护和季节性养护三种类型。

1. 物业小修养护的内容

(1) 门窗开关不灵的维修及少量新做;支顶加固;接换柱脚;木屋架加固;木桁条加固及少量拆换;木隔断、木楼地楞、顶棚、橼档、雨篷、墙裙、踢脚线的修补、刷浆;修补镶贴墙和地面局部松动损坏的瓷砖;普通水泥地面的修补及局部新做;木楼梯、木栏杆的维修及局部新做;细木装修的加固及局部拆换等。

(2) 给水管道的少量拆换;水管的防冻保暖;排水管道的保养、维修、疏通及少量拆换;阀门、水嘴、抽水马桶及其零配件的整修、拆换;脸盆、便器、浴缸、菜池的修补拆换;屋顶压力水箱的清污、修理等。

(3) 瓦屋面清扫补漏及局部换瓦;墙体局部挖补;隔断墙、围护墙的修补;墙面局部粉刷;平屋面装修补缝;油毡顶斜沟的修补及局部翻做;屋脊、泛水、躺立沟的整修;拆换及新做少量天窗;室外排水管道的疏通及少量更换;明沟、散水的养护和清理;井盖、井圈的修配;雨水井的清理;化粪池的清理;装配五金等。

(4) 楼地板、隔断、顶棚、墙面维修后的补刷油漆及少量新做油漆;维修后的门窗补刷油漆、装配玻璃及少量门窗的新做油漆;楼地面、墙面刷涂料等。

(5) 镀锌薄钢板、玻璃钢屋面的检修、养护及局部拆换;钢门窗整修;镀锌薄钢板、玻璃钢躺立沟,天沟,斜沟的整修、加固及少量拆换。

(6) 电线、开关、灯头的修换;线质老化的更换;线路故障的排除、维修及少量拆换;配电箱、盘、板的修理、安装;电表与电分表的拆换及新装等。

2. 物业计划养护的内容

计划养护从性质上来看是一种物业保养工作,它强调要定期对物业进行检修保养,才能减少物业的毛病,延长物业的使用寿命,更好地为业主和使用人的生产、生活服务。计划养护任务一般要安排在报修任务不多的淡季。如果报修任务较多,要先保证完成报修任务,然后再安排计划养护任务。物业计划养护是物业管理公司通过平常掌握的检查资料从物业管理角度提出来的养护种类。

3. 物业季节性养护的内容

这是指由于季节性气候原因而对物业进行的预防保养工作,其内容包括防汛、防台、防冻、防梅雨、防治白蚁等。季节和气候的变化会给物业的使用带来影响,物业的季节性预防养护,关系着业主或使用人的居住和使用安全以及物业设备的完好程度,所以,这种预防养护也是物业养护中的一个重要方面。物业养护应注意与房屋建筑的结构种类及其外界条件相适应,砖石结构的防潮,木结构的防腐、防潮、防蚁,钢结构的防锈等养护,各有各的要求,各有各的方法,必须结合具体情况来进行。

(三) 日常养护的一般程序

1. 维修项目收集

日常养护的小修项目,主要通过管理人员的走访查房和住户的随时报修两个渠道来收集。

走访查房是管理人员定期对辖区内住户进行走访,并在走访中查看物业,主动收集住户对物业维修的具体要求,发现住户尚未提出或忽略掉的物业险情及公用部位的损坏情况。为了加强管理,提高服务质量,应建立走访查房手册。

物业管理公司接受住户报修的途径主要有以下几种:

(1) 组织咨询活动

一般利用节、假日时间,物业管理公司在辖区内主要通道处、公共场所或物业集中地点摆摊设点,征求住(用)户提出的意见并收集报修内容。

(2) 设置报修箱

在辖区内的繁华地段、房屋集中地方和主要通道处设置信箱,供住(用)户随时投放有关的报修单和预约上门维修的信函。物业管理公司要及时开启信箱整理报修消息。

(3) 建立接待值班制度

物业管理公司要配备一名专(兼)职报修接待员,开通 24h 维修、报修电话,负责全天接待来访、记录电话和接受信函。接到报修后,接待员应及时填写报修单,及时安排处理。

2. 编制小修工程计划

通过走访查房和接待报修等方式收集到的小修工程服务项目后,应分轻重缓急和劳动力状况,做出维修安排。对室内照明、给水排污等部位发生的故障及房屋险情等影响正常使用的维修,应及时安排组织人力抢修。暂不影响正常使用的小修项目,均由管理人员统一收集,编制养护计划表,尽早逐一落实。

在小修工程收集过程中,若发现超出小修养护范围的项目,管理员应及时填报中修以上工程申报表。

3. 落实小修工程任务

管理人员根据急修项目和小修养护计划,开列小修养护单。物业小修养护工程凭单领取材料,并根据小修养护单上的工程地点、项目内容进行小修工程施工。对施工中发现的物业险情可先行处理,然后再由开列小修养护单的管理人员变更和追加工程项目手续。

4. 监督检查小修养护工程

在小修养护工程施工中,管理员应每天到小修工程现场解决工程中出现的问题,监督检查当天小修工程完成情况。工程完毕,在征得业主满意后,停止维修工作并将维修记录按要求归档保存。

第一章　建筑物的查勘与鉴定

第一节　建筑物的查勘

一、建筑物查勘的目的

物业管理部门对辖区内已有各类建筑物进行查勘,其目的是:

1. 掌握建筑物各个部位所处状态,建立房屋档案。
2. 对各类建筑物的使用功能进行评估和预测。
3. 及时发现建筑物在使用期内出现的问题,为建筑物的鉴定、设计、加固和一般维修养护等项工作提供必要的依据。从而达到科学管理,保证建筑物正常发挥它的使用功能,减少维护投资,延长建筑物使用寿命。

二、建筑物查勘的内容和类型

建筑物查勘的内容,根据不同的目的和要求应有针对性和重点。查勘分内业和外业:内业是指查看建筑物原始档案资料,包括设计图纸、施工资料和验收情况,了解建筑物地点和环境、建造年代、结构、层数、面积、产别及使用性质等历史和现实情况,如建筑物有无受过火灾、水灾、震灾,建筑物用途有无变更及维修或加固情况以及历次外业查勘记录和分析资料。外业是指对建筑物现场实地查勘,一方面是依靠仪器、工具来获得建筑物构件材质和损坏数据,另一方面是依靠检查人员的专业知识和经验检查建筑物的各种功能和设备使用情况,从而判断建筑物安全性能和使用状态。建筑物查勘按不同的目的可分为下列几种类型。

（1）一般查勘:指为保证建筑物正常使用而针对某些常见缺陷（例如:门窗开关不良、漏雨等）进行的日常检查,作为物业管理制定修理计划的依据。

（2）定期查勘:指结合建筑物特点,规定合理的期限,一般每间隔1～2年进行一次,对建筑物进行普查,掌握所管建筑物使用情况,包括建筑整体变形,局部变形、裂缝等,用于制定中、长期修理和养护计划。

（3）季节性查勘:是根据一年四季的特点,结合当地的气候条件、建筑物坐落地点、建筑物的完损状态等进行查勘。此类查勘适应于使用年限较长的建筑物,一般每年不少于两次,如雨季汛期、越冬前后等时间进行。

（4）定项查勘:根据工作需要或使用条件的变化以及在安全上对建筑物整栋或部分提出更高的使用要求时,应对建筑物的某些指定项目进行查勘。

（5）突发性查勘:是指在自然灾害（如水灾、火灾、地震、爆炸等）或人为损坏之后,建筑物结构的安全状态,耐久性能发生异常,威胁着建筑物安全或影响建筑物使用功能等情况下,对建筑物进行及时查勘和鉴定。如一些商品房由于装修引起相邻楼层漏水,或不合理改变房屋用途等引起纠纷,而进行的查勘。必要时要委托鉴定部门鉴定,以作为解决纠纷的法律依据。

三、建筑物查勘的一般方法

物业管理部门对建筑物的查勘,应由有专业知识的人员进行。建筑物的查勘工作首先需要根据查勘的目的制定查勘方案,查勘程序一般采用"从外部到内部,从屋顶到底层,从承重构件到非承重构件,从表面到隐蔽,从局部到整体"。也可以根据建筑物的现场条件、环境情况、结构现状等,进行局部或重点的查勘。

查勘可从宏观调查开始,以直接目测和实际了解为主,进而配备有针对性的各种仪器、工具进行检查,包括:"听":了解建筑物使用者的反映;"看":观察建筑物外形,有无变化,如裂缝、渗漏等;"问":通过听和看,然后详细询问用户关于造成建筑物损坏的原因,获得对查勘有帮助和启发的资料;"查":是对建筑物承重结构,如屋架、柁架、檩、柱、板等,进行仔细检查,尤其是节点或支承点是否腐朽,构件或墙体是否变形或产生裂缝;"测":是对基础下沉、建筑物倾斜、墙体鼓闪、木屋架或大梁变形等直观现象,借助仪器、设备、工具进行现场测定。如发现问题应及时委托鉴定部门进行鉴定。

四、对建筑物查勘人员的要求

建筑物查勘是物业管理的一项重要内容,随着物业管理的日益规范化,对建筑物的管理也必须向着科学化、法制化的方向发展,这就要求从业人员要具有高度的责任感和严肃认真的工作态度,同时必须掌握有关建筑物查勘和鉴定的基本知识,要认真学习国家和地方的建筑物鉴定的规范和标准。对建筑物的具体情况要进行客观、全面的分析,综合判断和科学的评价,从而制定合理的建筑物管理方案,提高物业管理水平。

第二节 建筑物的鉴定

一、建筑物鉴定的发展

(一) 传统经验法

传统经验法是20世纪80年代以前主要采用的方法,传统经验法的特点是按设计规程校核,以个人或少数鉴定人员的经验和知识为主进行鉴定的,也就是依靠有经验的技术人员进行现场检测和定值法验算进行评价。由于没有统一的标准,没有使用现代应用技术和测试技术,缺乏一整套科学的评价方法和程序,有时鉴定的结论会因人而异,尤其是对一些结构较复杂的工程,在工程处理上多偏于保守。

(二) 实用鉴定法

建筑物实用鉴定法是在传统经验法的基础上发展起来的一种较科学的鉴定评判方法。鉴定人员利用现代检测手段和测试技术,依据国家和地方编制的鉴定标准和规程进行鉴定,它克服了传统经验法的不足。在接受委托鉴定任务时成立鉴定小组,该小组包括鉴定专家、鉴定人员、测试技术人员等。实用鉴定法的工作程序为:确定鉴定目的和范围;进行初步调查;实施详细调查;提出综合评价;编写鉴定报告。20世纪90年代主要采用该方法。

(三) 可靠性鉴定法

进入21世纪,随着科学技术的发展,建筑物的鉴定方法也在不断更新和完善,结构可靠性理论已引入建筑结构的鉴定中,只有用概率的理论才能把已有建筑物可靠度的实际情况描述出来。可靠性鉴定就是用概率的理论为基础,以结构各种功能要求的极限状态为依据的鉴定方法,是我国目前采用的方法。

我国在建筑物鉴定方面经过多年的努力取得一定的成绩,已编制了一些现有建筑物可靠性鉴定标准。下面列举的是我国已编制的现有建筑物鉴定的国家和行业的标准和规程：

《工业厂房可靠性鉴定标准》(TBJ 144—90)；

《钢铁工业建(构)筑物可靠性鉴定规程》(YBJ 219—89)；

《民用建筑可靠性鉴定标准》(GB 50292—1999)；

《钢结构检测评定及加固技术规程》(YB 9257—96)；

《危险房屋鉴定标准》(JGJ 125—99)；

《建筑抗震鉴定标准》(GB 50023—95)；

《工业构筑物抗震鉴定标准》(GBJ 117—89)。

二、建筑物可靠性鉴定的基本概念

结构可靠性是指结构在规定的时间内、在规定的条件下完成预定功能的能力,它包括安全性、适用性和耐久性,当以概率来度量时称为结构可靠度。

(1) 安全性：结构在正常施工和使用条件下承受可能出现的各种作用的能力,以及在偶然事件发生时和发生后仍保持必要的整体稳定性的能力。

(2) 适用性：结构在正常使用条件下满足预定使用功能的能力。

(3) 耐久性：结构在正常维护条件下随时间变化而满足预定使用功能的能力。

建筑物可靠性鉴定是指对现有建筑物上的作用、结构抗力及其相互关系进行检测、试验和综合分析,评估其结构的实际可靠性。

三、建筑物可靠性鉴定程序

建筑物可靠性鉴定程序如图 1-1 所示。

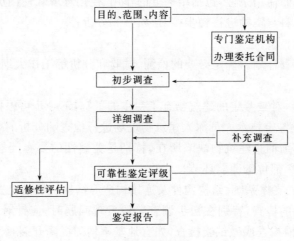

图 1-1 鉴定程序

(一) 鉴定的目的、内容和范围

一般由建筑物的所有者和管理者提出建筑物调查和鉴定目的、内容、范围,并与鉴定单位进行商谈,签订鉴定合同。合同中应规定检查鉴定的目的、内容和鉴定范围。

进行已有建筑结构可靠性鉴定的目的,是要对结构作用及结构抗力进行符合实际的分析判断,以利于结构的合理使用与加固处理。工程在加固、改扩建、事故处理、危房检查及施工质量事故裁决中经常要进行鉴定工作。

一般结构物从设计构思到建成验收生产使用后,要想较深入了解它的可靠度,不经过鉴定是难以清楚的,这是因为:

(1) 建成后的结构物所承受的实际荷载与设计荷载往往有较大的差异,有的荷载只能在使用后才能合理确定;

(2) 实际建成的结构物与设计图纸有时也有所不同;

(3) 结构的设计计算并不能代替实际结构的可靠分析。典型工程的鉴定可以应用现代技术装备与理论,对结构进行深入的科学分析判断;

(4) 一般结构经过一段时间的使用,遇到地震、火灾、严重腐蚀、地基不均匀压缩和基础不均匀沉陷、温度变化、龙卷风、爆炸、安装荷载、活动荷载等作用后,与新设计建造的结构有差别;

(5) 更重要的是由于历史上和技术上的原因,在我国有相当数量的已有建筑物,存在着设计、施工、使用上的不正常、错误或管理制度不当,危及了建筑结构的正常使用,而这些建筑物正在经济建设中发挥重要的作用。如何确保这些建筑物在可靠性原理指导下控制使用,更需要科学鉴定。

建筑物的鉴定内容和范围可以是整体建筑物,也可以是区段或构件。在建筑物鉴定时,地震设防区应与抗震鉴定结合进行。

(二) 初步调查

(1) 收集并审阅原设计图和竣工图,以及岩土工程勘察报告、历次加固和改造设计图、事故处理报告、竣工验收文件和检查观测记录等;

(2) 了解原始施工情况,重点了解建筑物遗留有施工质量问题部位的施工情况;

(3) 了解建筑物的使用条件,包括结构上的作用、使用环境和使用历史;

(4) 根据已有资料与实物进行初步核对、检查和分析;

(5) 填写初步调查表;

(6) 制定详细调查计划。确定必要的检测、试验和分析等工作大纲。

(三) 详细调查

经过初步调查后,对被鉴定的建筑物有了初步的了解,下一步可根据合同的需要进行详细调查。详细调查是鉴定技术人员深入建筑物现场进行检查和分析的全过程。

(1) 从整体上详细调查建筑物缺陷所在,特别是关键性的要害问题,如整体稳定性、倾斜、沉降以及重点损坏部位等薄弱环节;

(2) 对结构布置、支撑系统、结构构件及连接构造等结构功能的检查;

(3) 对地基基础的检查,特别在初步调查阶段发现问题时,应针对分析原因,进行必要的沉降观测、开挖基槽检查或做试验检查,如有地基不均匀沉降开裂,导致上部结构变形、开裂过大时,需要进行地质调查,分析地基和上部结构变化的关系;

(4) 结构作用的调查分析。所谓结构作用是指各种施加在结构上实际的集中荷载或分布荷载,以及外加变形和约束变形。这种结构作用比结构荷载有新的内容,故也称作广义荷载。如温度、湿度变形引起的荷载,约束变形引起的荷载和地基不均匀沉降引起的荷载等。在作用调查中,作用效应的分析及作用效应的组合等,必须要进行实例统计;

(5) 结构材料性能和几何参数的检查与分析。结构构件抗力分析,需要采用检测仪器,如取芯、抗压、回弹、拉拔等测试混凝土、砖石、木材等材料的实际强度和质量,为定量分析和结构计算提供数据。

（四）建筑物可靠性评定

建筑物可靠性鉴定评级有两种评定方法。

第一种是以《工业厂房可靠性鉴定标准》(GBJ 44—94)和《民用建筑可靠性鉴定标准》(GB 50292—1999)为代表的，以建筑结构可靠性状态为标准的，其又分为安全性和正常使用性鉴定。安全性鉴定评级分为三层次四等级；正常使用性鉴定评级分为三层次三等级。简称建筑结构可靠性鉴定评级法，具体评定方法详见规范。

第二种是以《房屋完损等级评定标准》为代表的，以建筑物完损状态为标准的划分等级法（简称建筑物完损鉴定评级法），将建筑物划分为完好房、基本完好房、一般损坏房、严重损坏房、危险房五级。其中危险房是根据《危险房屋鉴定标准》(CJ 13—86)给定危险构件、危险房屋界限制定的，具体评定方法详见规范。

（五）鉴定报告

鉴定报告包括以下内容：

(1) 鉴定的目的与范围；

(2) 建筑物的概况；

(3) 检查、分析和鉴定结果；

(4) 结论与建议；

(5) 附录。

（六）房屋安全鉴定实例

【例1-1】 某住宅小区房屋安全鉴定

工程编号：×××号

委托单位：××房地产开发有限公司

鉴定范围：楼板裂缝、屋顶梁裂缝房屋安全鉴定

建筑概况：

某住宅楼为六层砖混结构，建筑面积 $3251.88m^2$。该工程 2002 年初开始动工，2002年12月竣工。该工程混凝土设计强度等级为 C20。砌体及砂浆强度等级，基础：机砖 MU10，水泥砂浆 M10；1～3 层：机砖 MU10，混合砂浆 M10；4～6 层：机砖 MU10，混合砂浆 M7.5。该建筑南北朝向，矩形，建筑物总长 41.88m，各层层高均为 2.8m，建筑物总高度 20.10m，室内外高差 0.60m。拟鉴定位置于该建筑 2 门 602 室 15～17 和 B～G 范围内楼板裂缝及屋顶梁裂缝。现受某房地产开发有限公司委托，对该房屋进行安全鉴定。

检查情况：

根据甲方提供的施工图纸，现场查勘情况如下：

(1) 基础：根据图纸得知，该建筑采用钢筋混凝土预制桩进行地基处理，基础采用筏形基础，基础埋深自室内地坪下 1.9m，底板厚 350mm，符合设计要求。

(2) 墙体：外墙 360mm，内承重墙 240mm，内隔墙 120mm，未发现有空鼓、碱蚀等异常情况，砖及砂浆强度等级符合设计要求。

(3) 楼板及梁：钢筋混凝土现浇板，经查 3-2-602 室在 15～17 和 B～G 范围内板沿短跨方向产生裂缝，裂缝宽度约 0.1mm，缝长约为 3000mm，裂缝处预埋电线管。原设计板厚为 110mm，经钻芯后量取板厚为 90mm。在此范围内屋顶梁在跨中位置产生三面裂缝，缝宽约

0.07mm。

检测情况：

采用钻芯法对板、梁构件取芯进行混凝土强度检测，检测结果表明现在混凝土构件设计强度等级均满足设计要求。

鉴定意见：

根据现场查勘、检测，对照《民用建筑可靠性鉴定标准》(GB 50292—1999)中构件安全性鉴定和正常使用性鉴定评定标准，其钢筋混凝土构件依据裂缝宽度的正常使用性评定等级为 a_s 级。经过对出现裂缝的板及梁进行验算，其结果为：梁截面及配筋满足设计及使用要求，实测板截面不满足设计要求。鉴于房屋现状，目前板、梁裂缝宽度均小于规范允许值，裂缝系收缩所致。为消除不安全感，满足正常使用要求，应采取以下加固措施：

(1) 对有裂缝梁，采取甲凝灌浆及梁裂缝处施加二层"U"形碳纤维布补强，综合加固。

(2) 对开裂楼板为加强整体性，应按计算采取加固措施。加固方法为：在裂缝处应先采用甲凝灌浆，再施二层碳纤维布补强。同时在板范围内每隔1000mm加设二层碳纤维布补强带一道，碳纤维布宽度均为300mm。

(3) 补强加固措施应委托有资质单位实施，施工标准应按相关标准执行。

【例1-2】 某公寓1号楼房屋安全鉴定报告

工程编号：×××号

委托单位：××房地产开发有限公司

鉴定范围：3门101、102室墙体裂缝安全鉴定

建筑概况：

该建筑建于2001年，为6层砖混结构住宅楼(6层退5层)，由6个单元组成，建筑平面成矩形，南北朝向，全长为83.4m，宽为11.64m。建筑物中部设有一道变形缝，缝宽120mm。层高：1～6层均为2.8m，室内外高差0.6m，建筑物檐口高度为17.4m，楼(屋)盖均为钢筋混凝土现浇板，屋面设计作法为水泥聚苯保温层100mm厚，聚氨酯防水层两坡顶。该建筑于2002年4月5日竣工验收备案。受××房地产开发有限公司委托，对1号楼3门101、102室墙体裂缝进行安全鉴定。

检查情况：

根据甲方提供的施工图纸，现场查勘情况如下：

(1) 基础：该建筑基础设计采用预制钢筋混凝土空心方桩基础，墙下承台梁截面宽×高分别为600mm×600mm、700mm×600mm、1000mm×600mm基础混凝土设计强度等级为C20，承台梁底部设计埋深自室内地坪下2.2m，符合设计要求。

(2) 墙体：外墙厚36cm，内墙厚24cm，采用MU10机砖、M10混合砂浆砌筑，墙体为纵横墙承重，经检测符合设计要求。所鉴定户室墙体裂缝情况如下：

1) 3门101室位于建筑物变形缝东侧一层第3、4开间，其最大开间尺寸为3.6m，进深尺寸6.0m，现该户室起居厅东西两道内横墙埋置电线管部位均出现不同程度沿墙厚两侧贯通的竖向裂缝，以西侧内横墙尤为严重，该墙体埋置电表箱、有线电视箱及插座部位共出现4道竖向裂缝，最大裂缝宽度约0.4mm，裂缝长度约2.4m，经对裂缝处墙体局部剔凿检查，所检查部位裂缝处砖已断裂，砌体砂浆无明显松散迹象。

2) 3门102室位于建筑物变形缝东侧一层第1、2开间,其最大开间尺寸为3.6m,进深尺寸为4.8m,现该户室南侧居室东侧内横墙出现一道沿墙厚两侧贯通的竖向裂缝,裂缝宽度约0.3mm,裂缝长度约2.4m,经对该裂缝处墙体局部剔凿检查,所检查部位裂缝处砖已断裂,砌体砂浆无明显松散迹象。该户室入户门口上角出现一道斜向裂缝,裂缝宽度约0.2mm。

3) 根据测绘部门对该建筑自2001年4月26日至2003年3月6日(共计679天)进行沉降观测共12次(含施工过程观测7次),共设沉降观测点20个,在观测周期内,所设观测点的最大累计沉降值为15.65mm,最小累计沉降值为6.39mm,最终平均沉降速率为0.002mm/d。满足国家现行《岩土工程勘察规范》规定0.01mm/d的要求,确定该建筑物沉降已基本趋于稳定状态。

鉴定意见:

经现场查勘、并查阅相关施工图设计文件、施工过程质保资料及沉降和变形监测资料,所鉴定1号楼施工期间检测的墙体砌筑砂浆抗压强度符合设计砂浆强度等级要求,经679d的沉降变形结果表明,现建筑物沉降已基本趋于稳定状态,目前1号楼3门101室、102室部分墙体出现不同程度的裂缝,经综合分析认为其主要原因系基础的早期不均匀沉降、砌体的干缩及压缩变形和墙体内埋置电线管造成墙体截面局部削弱而产生的应力集中等多种因素综合影响所致。对照《民用建筑可靠性鉴定标准》和有关规定,上述墙体出现的裂缝为非受力裂缝,其裂缝宽度未超出鉴定标准规定宽度5mm,不大于继续承载的墙体裂缝限值,该出现裂缝墙体构件的安全性等级可评定为b_u级,故不属于危险裂缝,但为保证建筑物的居住使用性要求及相关墙体构件的耐久性要求,委托单位应对该墙体裂缝采取以下补强修复措施。

(1) 3门101户室西侧内横墙裂缝处先采用高强度水泥砂浆勾缝,然后再用抗碱增强玻纤网和柔性聚合物水泥砂浆共同进行修补,东侧内横墙出现的裂缝采取压力灌浆法或高强度水泥砂浆加筋深耕法予以耐久性修复。

(2) 3门102户室的内横墙及入户门口上角墙体裂缝采用压力灌浆法或高强度水泥砂浆加筋深耕法予以耐久性修复。

(3) 应加强修复施工过程的质量监督工作,以确保修复工程质量。

【例1-3】 某医院房屋安全鉴定

工程编号:×××号

委托单位:××医院

鉴定范围:屋顶增加一层轻钢结构房屋安全鉴定

建筑概况:

该建筑建于1983年,为13层框架-剪力墙结构(包括半地下一层及突出电梯间),为医院用房。建筑物总体呈矩形,总长55.7m,进深5.7、6.9、3.6m,总宽16.7m;层高:半地下室高2.25m,首层约3.9m,2~9层3.6m,10层2.1m(设备层),11层3.9~5.4m,顶层电梯房3.9m,室内外高差0.600m,总高38.7m,建筑物南北朝向。拟鉴定房屋顶部新增加一层,与原电梯间顶部取齐,新增结构为轻钢结构。

检查情况:

据甲方提供的原结构施工图纸,现场查勘情况如下:

(1) 基础：原基础结构为柱下交叉梁式筏形基础，基底板厚450mm，现基础未发现外露，腐蚀及超载缺陷。

(2) 楼盖、屋盖：楼板为钢筋混凝土现浇板，现未发现楼板有开裂、变形及损坏现象。

(3) 墙体：半地下层及首层墙体为普通砖，厚度为360mm和240mm，2层以上墙体为加气混凝土砌块，外墙厚为250mm，内墙厚为150mm，现墙体经外观检查未发现碱蚀、空鼓、变形等异常情况。

(4) 主体结构：主体结构较为规则，纵横向均设有框架梁及剪力墙，剪力墙上下贯通，框架部分混凝土强度等级：1～3层C28（原300号），4～6层C23（原250号），7层以上C18（原200号）剪力墙混凝土强度等级C28（原300号）。

以上所查结构构件截面尺寸及材料强度均符合设计要求。

鉴定意见：

根据现场查勘，依据《民用建筑可靠性鉴定标准》、《建筑抗震鉴定标准》、《高层建筑混凝土结构技术规程》及相关规范，对原结构设计进行加层复核，其数据及结果如下：

(1) 主要参数取值：

1) 抗震设防烈度为7度（0.15g）。

2) 抗震等级：框架三级，剪力墙二级。

3) 荷载数据：1～9层楼面均布活荷载标准值为2.0kN/m²，十层（设备层）楼面均布活荷载标准值为7.0kN/m²，顶层（即接层）楼面均布活荷载标准值为2.0kN/m²，顶层新增设备按甲方提供的设备荷载按集中力加入柱顶，外围护墙采用轻型保温复合板材。

墙体荷载：首层外墙厚360mm，普通砖自重7.62kN/m²，内墙厚240mm，普通砖自重5.94kN/m²，2层以上墙体为加气混凝土砌块，自重取6.2kN/m²。楼面恒载：4.0kN/m²。

4) 使用软件为：中国建筑科学研究院2003年5月版PKPM系列结构软件SATWE(S3)。

(2) 复核结果如下：

1) 主体结构复核计算基本满足加层要求。

2) 1～4层B轴与5、7轴相交处，柱轴压比分别为0.98、1.10，大于规范要求。

3) B轴与7轴相交处柱配筋按2002版新规范进行复核，柱配筋未满足要求，相差29.9%。

经现场查勘原框架梁、柱及剪力墙未发现变形、开裂等承载力缺陷，主体结构基本完好。鉴于新增一层轻钢结构仅用于设备层，结合结构复核结果同意加层。

(3) 加层应满足以下要求：

1) 应委托正式设计单位设计。

2) 施工前应委托有资质的沉降观测单位对加层的主体结构在施工期间及使用3个月内进行沉降观测，若发现异常情况通知鉴定及设计部门，协同解决。

3) 对上述原设计不满足要求的柱面应采取加固措施。

4) 加层前应将原屋面顶部建筑做法清除干净至结构板面。施工完毕后可抹20mm厚的水泥砂浆面层，不得任意增加楼面的装修荷载。

5) 新增一层结构采用轻钢结构，屋顶标高不应超过原电梯间高度，屋面采用轻质复合板材，外围护墙体采用轻型保温复合板材，外墙开窗洞口与下层保持一致。

6) 加层部分柱根部应落在原结构柱上,并保证与主体结构有可靠连接,宜采用"植筋法"在确保连接的同时尽量不损坏原主体结构。

7) 新增设备不应直接放置于楼板或框架梁上,应用钢梁架空将荷载传至柱上。若放在梁上应对梁进行复核,原梁承载力应满足新设备后荷载的要求。

8) 加层施工过程中楼面不得集中堆载,建筑垃圾应随有随清理。

9) 注意文明施工且不得使用重锤等振动较大工具以免损坏相邻结构。

10) 该工程尚应征得规划、防火等有关部门同意方可施工。

本 章 小 结

本章介绍了建筑物查勘与鉴定的基本知识,学习建筑物查勘的目的、内容,掌握建筑物查勘基本方法,对做好物业管理工作是十分必要的。了解建筑物可靠性鉴定的概念和鉴定程序,可增强物业管理人员对建筑物鉴定重要性的认识。及时发现所管辖区内建筑物出现的问题,采取保养、维修和加固措施,保证建筑物的正常使用,同时延长建筑物的使用寿命。

复 习 题

1. 物业管理人员做好建筑物查勘的重要意义?
2. 建筑物查勘的主要内容是什么?
3. 目前我国建筑物鉴定依据的国家或行业标准、规程有哪些?
4. 建筑物可靠性鉴定程序是什么?

第二章 房屋地基基础及地下室的维修与养护

第一节 地基基础工程的修缮、加固

房屋建筑上部结构的自重及其所承担的荷载,是通过基础传递于地基的,因此地基基础是建筑物的根基。由于它是隐蔽于地下的承重构件,产生病害、缺陷不易被发现,养护和预防工作也容易被忽视,且建筑物事故的发生又多与地基基础有关,因此对建筑物的地基基础的维护及修缮知识要有一个全面系统的学习和掌握是很必要的。

一、地基基础产生破坏与变形的主要原因及对上部结构的影响

(一)地基基础破坏与变形的主要形式及对上部结构的影响

地基基础的破坏与变形主要是从上部结构的破坏与变形观察到并通过科学分析得出的,它主要有两大表现形式。

1. 地基的承载力或刚度不足引起的破坏形式

(1)当地基承载力小于基础传来的平均压力时,地基变形会急剧增加,甚至发生整体滑移,地基失去稳定状态,造成建筑物破坏。具体表现如:①沉降量过大。沉降量的概念是指基础中心的沉降值。过大的沉降量会切断排水管道,室内地坪凹陷、下沉等。②沉降差过大。沉降差的概念是指相邻两单独基础或房屋基础两点沉降量之差。同一基础上两点间的沉降差往往用两点差与两点间的距离之比——倾斜来反映。

(2)地基的刚度是通过地基的变形和稳定性体现的。地基的变形过大或地基的失稳就是地基刚度不足的表现。当地基刚度不足时也会使上部变形过大造成破坏或影响房屋的正常使用。地基的失稳是不应该发生的,至于沉降,可分为不均匀沉降和均匀沉降两种。其中前者必会导致上部建筑破坏,而后者一般不会引起建筑的破坏,但它会影响正常使用或影响外观形象。因此,对地基的总变形也要限制。刚度不足的具体表现有:地基土塑化、流动、挤出。某些湿陷性黄土或淤泥可能被扰动,地下水流动,土质失去原有相对稳定状态,变成可塑状或流动,甚至从薄弱处挤出地表面,基础发生较大的变位。

2. 基础的强度、刚度不足引起的破坏形式

基础的强度、刚度反映了基础承受荷载的能力和抗变形的能力,强度和刚度不足将使基础无法有效向地基传递荷载,并使基础出现不同程度的破损、断裂、失稳等破坏。具体表现在:

(1)基础强度不足,即基础材料应力达到甚至超过了极限应力会造成基础发生断裂、分离、解体,这也会使上部结构相应产生变形和破坏。综上所述,地基基础的破坏形式主要反映在强度破坏和变形破坏两个方面,对于已建的房屋,由于各种原因而使地基基础发生上述破坏形式时,都将引起建筑物出现不同程度的倾斜、位移、开裂、扭曲,甚至倒塌现象。

(2)基础传力不良。基础是上部荷载与地基之间的传力桥梁,当基础刚度不足变形过

大时,上部荷载传到基础上的力就不均匀了,造成荷载差异较大,会进一步引起上部变形加大。

(二) 几种主要房屋类型因地基基础损坏的表现形式

1. 砖混结构

墙体发生斜裂缝,见图2-1。

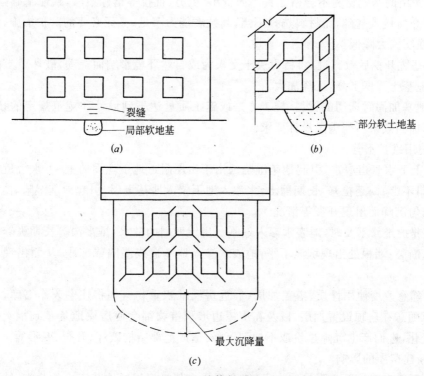

图 2-1　墙体斜裂缝
(a)局部基础沉降墙体开裂;(b)部分基础沉降墙体开裂;(c)房屋基础沉降墙体开裂

斜裂缝一般发生在纵墙的某端,多数裂缝通过窗口的两个对角,裂缝向沉降较大的方向倾斜,并由下向上发展,裂缝多发生在墙体下部,向上逐渐减少。

2. 钢筋混凝土结构

钢筋混凝土结构房屋基本都是超静定结构,其中一个或多个受力构件发生变位,就涉及到其他构件,从而使结构构件内产生次应力,进一步引起不是原设计的变形,造成结构构件开裂。如框架梁出现支座裂缝,过大的不均匀沉降也可能使板产生不同程度的裂缝等。

3. 钢、木结构房屋

在基础产生不均匀沉降后,整个结构构件的内力将会重新调整。特别是受压构件若变成受拉,将易产生裂缝。反之原受拉构件若变为受压,将会产生失稳的可能。

(三) 地基基础产生破坏与变形的主要原因

对于已建房屋出现上述地基基础破坏现象的主要原因有以下四方面:

1. 设计、勘探的失误

(1) 钻孔取样化验数据有误;地基持力层选择不当,土层分布不均匀;地基承载力不足;软弱下卧层未经验算,导致地基发生强度破坏或不均匀沉降。

(2) 对于平面形状复杂,纵横单元交叉处基础附加应力互相重叠考虑不全,计算不准。另外,对房屋高低差相交处的基础设计不周等均会导致沉降不均。

(3) 选择的基础形式和尺寸有误,对季节性冻胀地区,基础建造深度不当会造成地基土因冻胀与融陷的不均匀,致使建筑物开裂破坏。

2. 施工原因所致

(1) 使用的基础材料不合格。具体如抗压、抗剪、抗拉等指标不够,致使基础强度不足;发生有害介质侵入基础,而材料选择不当,其抗腐能力不足,又无必要的防护措施,使基础受到腐蚀,强度大大降低。

(2) 基坑开挖后敞露过久,持力层土受人为或自然环境影响而扰动,破坏了土的天然结构,导致地基土强度下降,沉降加大。

(3) 地基加固时选用的材料、施工方法或施工质量达不到设计和规范规定的技术要求,使得地基加固效果不能满足设计要求。

3. 使用维护不善

(1) 上下水管道渗水,引起地基湿陷。由于房屋附近地下埋设的上、下水管道安装处理不当,接口不严;缺乏检修,长期漏水,水渗入地下侵入地基土层,引起地基湿陷,使上部结构产生不均匀沉降而出现开裂等情况。

(2) 养护维修不及时,地表水渗入地基。房屋四周的散水,排水沟等长期失养、失修、破损、塌陷、断裂;墙根处出现坑洼不平,地表水渗入地基造成湿陷或冻胀,从而出现不均匀沉降发生。

(3) 随意改变使用性质、搭盖加层、靠近房屋堆积重物。如将住宅改作书库,不经设计部门同意随意在房顶设置加层,以及在房屋边堆积重物都会使房屋地基基础承受的荷载发生很大变化,进而产生沉降过量或不均匀沉降,造成上部结构破坏、开裂、变形等。

4. 新建房屋的影响

(1) 新建房屋的地基附加应力,可能会造成它邻近房屋的地基应力的叠加,特别是在施工时,由于没采用适宜的支护措施,使原有房屋地基松动或地下水涌出,造成承载力大幅下降,从而引起其上部结构出问题。

(2) 新建房屋在施工中的影响。如开挖基槽降水效果不好,引起邻近原有房屋基础下的地下水或土粒流失,而导致建筑物开裂甚至坍塌。再如,基础的打桩施工,或回填土夯实,由于振动极大,又不采取保护措施,则会影响邻近建筑基础稳固和安全。

二、地基基础破坏的检查鉴定

这部分工作物业公司一般需委托相应的专业单位来完成,但作为物业公司本身应知道该项工作的程序、内容。

(一) 地基基础的鉴定标准

地基基础出现下列情况之一者应进行加固处理:

(1) 地基因滑移、因承载力严重不足或因其他特殊地质原因,导致不均匀沉降,引起结构明显倾斜、位移、裂缝、扭曲等,并有继续发展的趋势。

(2) 地基因毗邻建筑增大荷载、因自身局部加层增大荷载或因其他人为因素导致不均匀沉降,引起结构明显倾斜、位移、裂缝、扭曲等,并有继续发展的趋势。

(3) 基础老化、腐蚀、酥碎、折断,导致结构明显倾斜、裂缝、扭曲等。

（二）地基基础病害鉴定的工作内容

（1）搜集沉降与裂缝的实测资料，特别是沉降、裂缝随时间变化的资料。从中可以知道沉降、裂缝开裂的位置和程度，并能判定沉降是否在继续发展，及其发展速度，从而了解危害的严重程度。再有，由地基基础破坏而在上部结构引起的裂缝往往呈现出规律性，从而对我们正确得出鉴定结论有很大帮助。

（2）查阅原有工程地质勘察报告，摸清现场地质情况，如持力层、下卧层及基岩的性状、深度、地基土的物理力学性质、地下水情况等来对照出问题房屋的破坏特征，看其是否与地质条件相对应，同时也能验证地质资料的可靠性。

（3）复核原有建筑结构设计图纸，了解房屋的结构、构造和受力特征。如荷载分布，结构的整体性情况，特别是审核原设计是否对不良地质做了专门设计处理，必要时要重新验算，这样才能知道设计是否出现问题。

（4）检查施工记录及竣工技术资料，了解施工过程中发生的实际情况。如：是否按图施工，工程变更情况，隐蔽工程验收记录，材料检验记录，施工中降水、排水记录及施工中遇到的相关问题的处理、解决记录，以期排除上述情况或认定某些可能。

（5）查明建筑物的使用及周围环境的实际情况。如地表水的情况，建筑物的排水、进水管道的渗漏情况，邻近建筑物基础施工情况（分析可能对原建筑物基础的影响）等。

（6）可能需要的补充勘察。如对某些地质资料有疑问或资料不详细、不完整而对鉴定结论有影响时。

三、地基基础的加固方法

此部分内容专业性很强，主要通过图示说明。地基加固是处理地基基础病害、缺陷的一种措施，通过加固地基可以提高地基承载能力、稳定地基土和制止地基和上部结构变形的发展。基础的加固，主要是对基础的灌浆加固或加大基础的受力面积，以及从技术上实现把荷载（或部分荷载）转移到新基础上去，以代替或部分代替原基础的承载力，从而达到恢复或提高基础强度、刚度及耐久性，消除过大的和不均匀沉降的病害，达到加固基础的目的。

在房屋修缮工程上，地基基础的加固是在建筑物存在的情况下进行的，施工比较困难，而且在施工时必须保证上部结构的安全。因此，在选择加固方案时，应根据工程具体情况，从经济上、技术上和施工条件上，作可行性分析后，再选定加固的方法。因为其属于建筑工程范畴，对于物业管理人员只须重点了解几种方法，下面结合图示加以说明。

地基基础的加固分地基的加固和基础的加固两方面，它的工作步骤是：

（一）地基基础修缮加固前的准备

（1）已进行了技术、安全交底，熟悉了作业区域的地形，工程水文地质和建筑物图纸等技术资料。掌握了地下管线、电缆及其他地下及相邻建筑物情况。对邻近建筑物没有设计图纸的，已挖坑查明了情况，对相邻建筑物进行了必要的支护。

（2）施工作业区域内，原有的房屋管线和上、下水道等已处理完毕。草皮、树墩等已清除，场地已平整。对挖方深度低于地下水位时的排水、降水措施已准备好。

（二）地基的加固方法

地基的加固方法主要有两类。

1. 灌浆法加固

灌浆法的实质是用气压、液压或电化学原理，把某些能固化的浆液注入各种介质的裂缝或孔隙,以改善地基的物理力学性质。目前比较常用的浆液有水泥浆液、水玻璃浆液和石灰浆液(又称石灰浆加固)。

水泥浆液是指以水泥为主剂,掺以其他外加剂(速凝剂、缓凝剂、膨胀剂等)的灌浆材料。常用水泥强度等级不低于 32.5 级的普通硅酸盐水泥,也可根据具体情况选用其他品种水泥。水灰比大都在 0.6～2.0,常用 1.0。

石灰浆液是用生石灰,在施工前 3～5d 经充分水解,用孔径 1mm 筛过滤,水灰比 1∶0.67 为宜制作的。

水玻璃浆液是指以水玻璃(硅酸钠)为主剂,另加入胶凝剂(如氯化钙)以形成胶凝的灌浆材料。这是一种化学加固方法,又称为硅化灌浆。氯化钙这种胶凝剂与主剂的反应速度很快,它们须和主剂在不同的灌浆管或不同的时间分别灌浆,也称双液硅化法;另一种胶凝剂如碳酸氢钠等与主剂反应速度较慢,可与主剂混合在一起同时灌注,又称单液硅化法。

(1) 灌注水泥浆加固地基

当房屋发生沉降,经查勘其地基为矿渣、炉渣等杂填土地基时,可采用此法加固地基。

施工时,用压力装置将水泥浆压入地基(加固深度和面积根据查勘需要确定)。矿渣等地基土颗粒较大,空隙较多,水泥浆流入地基颗粒的空隙中,凝固后,将废渣层凝结成整体,从而提高了地基的承载能力和稳定性。

(2) 石灰浆加固

石灰浆加固适用于膨胀土地基的处理,以石灰浆压灌入黏土的裂缝层里,呈片状分布。石灰浆同周围土层起离子交换作用,形成硬壳层,硬壳层随时间增长而加厚,这就改变了地基土的性质和结构,消除了土的胀缩变形,使膨胀土地基趋于稳定。

(3) 硅化法加固

硅化法加固地基是用压力将硅酸钠溶液(水玻璃)和另外一种或两种浆液,如水泥浆液、氯化钙溶液等,逐次压入土中。采用何种注入液要视地基土质而定。溶液与天然土中的盐类物质起物理、化学作用,可使土颗粒表面产生胶凝,改变土的性质,改善土的物理力学性能,提高地基承载力,增大压缩模量。此法属化学加固地基的一种方法,可按设计要求加固到地基的各种深度,见图 2-2。

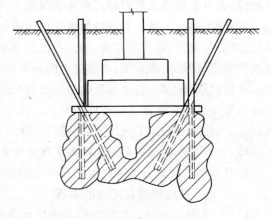

图 2-2 地基灌浆加固

如果土是渗透系数小的黏性土,具有压力的溶液也难以注入土的孔隙中时,可借助于电渗作用,通过电流,使溶液在土体中电渗,这种加固方法称为电硅化法。

2. 挤密桩法

其原理是用桩来挤密地基土层,但要特别注意,在施工桩时引起的地基附加沉降及上部结构可能产生的变形。

(1) 高压旋喷桩加固

旋喷桩加固,适用于淤泥、黏性土、沙土等地基。它是利用普通钻机,把安装在钻杆底端的特定喷嘴,钻至土层的预定深度后用高压泵以20MPa压力,把能随时间逐渐硬化的浆液(水泥浆),从喷嘴中高速喷出冲击土体,使喷流射程内的土的结构体遭到破坏,同时经过土颗粒与浆液搅拌混合,凝固后即成为有一定强度和防水性的新土体结构。当钻杆和喷嘴在土中以一定速度旋转和提升,便得到圆柱状固结体——又称旋喷桩,从而达到加固地基的目的,加固程序见图2-3。

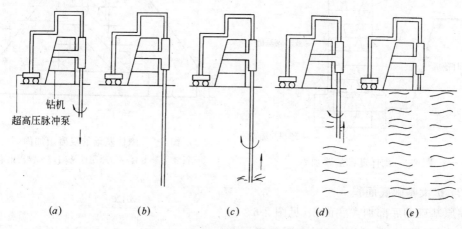

图2-3 旋喷桩加固地基程序示意图

(2) 灰土挤密桩加固

当地基为较厚的回填土或炉灰时,可用灰土挤密桩加固地基。

桩在基础边安排2~3排,机械打桩桩径宜选用300mm,桩深可为6~10m,桩距应选用$2.5 \sim 3d$(d为桩孔直径),用三七灰土逐层填实。

灰土挤密桩也可用于软弱土层地基和湿陷性黄土地基的加固。经灰土挤密桩加固后的地基承载能力可提高一倍左右。

(三) 基础的加固方法

基础的位置是在建筑物与地基之间,它的破坏既可影响上部建筑物又可波及下边的地基,因此必须针对破坏情况及时予以修复加固。其思路为:针对基础受腐蚀等原因产生的空隙增大、松散、砂浆强度降低等,采用注入高强胶粘剂(水泥浆)加固基础;针对自身强度不足采取加大基础受力面积,从而提高承载能力的措施。

1. 基础的灌浆加固

砖、石砌体基础,由于施工的缺陷或使用时间较长,也可能受有害介质侵蚀的作用,使砌筑砂浆强度降低。此种情况下可将高水灰比(1:1~1:10)水泥浆液高压注入基础孔隙中,以恢复砂浆和砌体的强度,见图2-4。

2. 刚性基础扩大基础受力面积的加固

对地基局部软弱或荷载集中,沉降量较大的基础段落,视情况扩大其基础面积,就可相应地减轻该段地基单位面积的压力,减小沉降量,从而使基础的不均匀下沉得到稳定。

(1) 在原基础上加混凝土套

采用混凝土套加固条形基础,见图2-5。

在施工中要将条形基础划分成许多区段分别进行施工,决不能在基础全长上挖成连续的地槽或使地基土暴露,以免导致饱和土从基底下挤出,使基础产生很大的不均匀沉降。

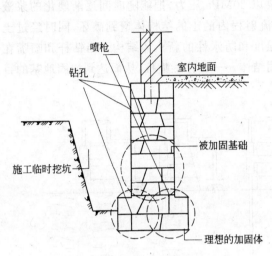

图 2-4 砌体基础灌浆加固

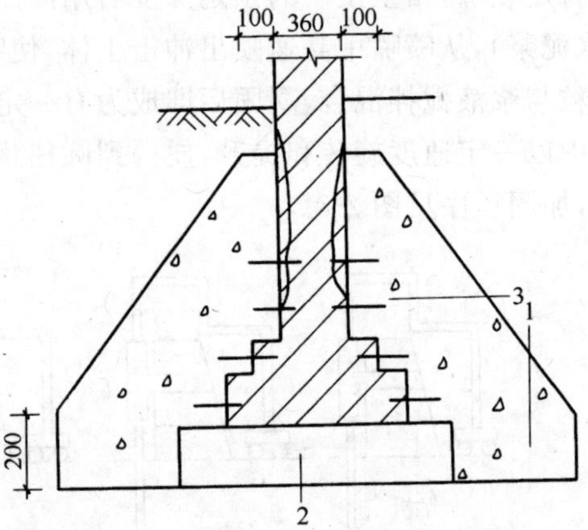

图 2-5 刚性基础的混凝土加固
1—新浇混凝土套；2—原刚性基础；3—锚固钢筋

(2) 扩大基础底面积

在原基础的底部加大底面积，见图 2-6。

在施工时要分段进行，否则会影响到原基础的稳定，加设临时支撑，卸掉加固部位基础上的部分荷载，然后从基础两侧开挖坑槽，并将扩大加固部位基底下的基土掏空，按设计长、宽、厚度浇捣混凝土，在新做基础的底部，布置双向受力钢筋，浇筑的混凝土高出原基础的底面，以保证新、旧基础连接牢固。待加固部分的混凝土达到规定强度后，对旧基础及上部结构裂缝用水泥砂浆嵌补后，可拆除临时支撑。

(3) 条形基础两侧扩大加固

扩大方法见图 2-7。

两侧扩大面积和配筋应按工程具体情况经过计算确定。加固时新基础顶面可与墙身大放脚平行，地面以下，新基础顶面，按间距 1.2～1.5m 加设横穿墙身的钢筋混凝土挑梁，使墙身

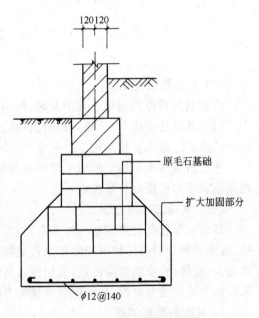

图 2-6 扩大基础底面积加固

荷载通过挑梁传递到加宽部分的基础上。挑梁应与加宽部分混凝土一同浇捣，挑梁至少配置上、下各两根直径 10mm 的纵向主筋。

(4) 钢筋混凝土柱下独立基础的加固

柱下独立基础的加固方法见图 2-8。

为了保证原基础和新加固部分连接牢固及施工质量，增加的厚度不宜小于 15cm。施工时，将地面以下，靠近基础顶面处的柱段四边的混凝土保护层及旧基础四侧边混凝土凿除，露出柱内主筋和基础底板的钢筋头，并将其顶面混凝土凿毛。扩大和加厚部分的顶部，按构造要求布设架立钢筋，并与基底原主筋端部焊接牢固。为了保证柱荷载有效传递到新基础，

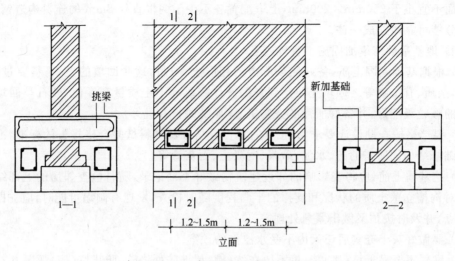

图 2-7 条形基础两侧扩大加固

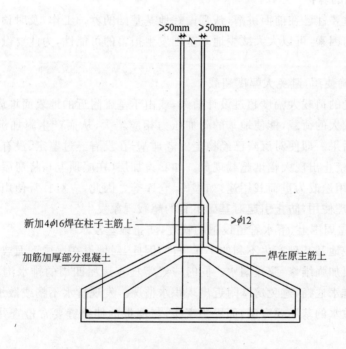

图 2-8 柱下独立基础加固

原基础顶面上约 45cm 长的柱段四边各加宽至少 5cm,并加插 4 根钢筋与柱内露出的主筋焊接牢固。柱加宽部分与基础扩大和加厚部分的混凝土一次浇捣完毕。

(5) 钢筋混凝土条形基础

墙下钢筋混凝土条形基础的扩大加固可以比照柱下独立基础的方法进行。见图 2-8。

当旧基础宽度不能扩大而原有板厚及配筋不能满足强度要求时,可适当加大旧基础肋宽,进行加固补强。肋宽加大部分的厚度要满足抗剪及抗弯要求,且新加部分的净厚度不宜少于 100mm。肋(或墙体)左右两侧新加宽部分的顶部,按 1.0～1.5m 间距,横穿墙身,横穿处断面不宜小于250mm×200mm，上下配置各不少于两根直径8mm的连贯构造钢筋，使新旧部分能可靠地连成一体。

（四）地基基础修缮加固施工管理要点

（1）根据基础周围土质，备好回填所需的相应土、石料，这些回填的土，石料要过筛，去除草根、杂质、有机物等。回填土要达到查勘设计需要的干土质量密度值，砂石类回填土要按合理的颗粒级配好，并备好所需的夯实机具（如蛙式打夯机等）。

（2）要严格按查勘设计要求，并按具有出厂合格证和材料试验合格报告的标准，准备好地基基础修缮加固所需的砖、水泥、砂浆、混凝土、石灰膏等。

（3）挖基槽土前，应将受影响的邻近建筑物做好查勘记录，随时检查邻房的上部结构变化并应对沟槽立壁土质的状况和支撑的牢固程度随时检查，发现有倾塌可能时，应立即离开操作地点，并及时按预案做出紧急处理。

（4）要做好灰土夯实后三天内不受水浸泡的预案。

（5）堆料不要靠近坑（槽）帮，更不要在坑（槽）帮堆砖处浇砖，防止坑（槽）帮塌方。

四、地基基础的养护

地基基础的重要性已在前面讲清，认真做好地基基础的养护工作，及时预防和消除产生病害的自然或人为因素，可以大大减少地基基础发生损害的可能性，为此要做好如下几方面的工作。

（一）坚持正确使用，避免大幅度超载

地基基础承受的荷载大幅度超过设计荷载，或由于基础附近的地表面堆放大量材料、设备、煤炭等，形成较大的荷载，能使地基的附加压力相应增大，从而产生附加沉降，或造成基础向一侧倾斜的后果。即使对沉降已经稳定的老地基，在没有经过鉴定、没有取得依据或未采取措施前，都应禁止出现大幅度超载现象。如私设加层（在屋顶上），将房屋使用性质作大的改变，即由普通用途改为重荷载用途，如书库、仓库等。因此，应对日常使用情况加强技术监督，维护正常合理使用，防止引起对基础不利的超载现象发生。

（二）加强房屋周围上、下水管道设施的管理，防止地基浸水

地基浸水会使地基基础产生不利的工作条件；因此，对埋设在房屋下面或靠近房屋基础的上、下水管道，要加强维修，防止漏水。同时应经常检查房屋四周的排水沟，散水，保持房屋四周与庭院的排水通畅，避免房基附近出现积水情况。发现排水不畅或散水破损时，要及时修复。特别是散水的基层要夯实，面层要密实，与墙根的伸缩缝要常检查并填补好，保证不渗漏。

（三）保持勒脚完整、防止基础受损削弱

墙体的勒脚位于基础的顶面，其作用是将墙体及上部结构的荷载进一步扩散并均匀地传递给基础。勒脚破损或严重腐蚀剥落，将影响到基础的受力状态，也会导致墙面雨水侵入基础。因此，破损部分应及时修复。对于风化、起壳、腐蚀、松酥的部分，清除冲净后，加做或重做水泥砂浆抹面层。勒脚上口宜用砂浆抹成斜坡，以利泄水。

要防止在外墙四周挖坑及种植树木，要经常保持基础覆土的完整，墙基处覆土散失时，应及时加填培土夯实，不使基础顶部外露，以防损伤削弱。

（四）做好采暖保温、防止地基冻害

在季节性冻土地区，要注意基础的保温工作。按采暖设计的房屋，冬季不宜间断供暖，

要合理使用,保证各房间都有采暖。如不能保证采暖时,应将内外墙基础做好保温(关严门窗)。有地下室的房屋,在寒冷季节地下室的门、窗应封闭严密,以防冷空气侵入引起基础冻害。

房屋的地基基础对于居住建筑来说属于公共部分。物业公司应特别注意对该部分的养护。物业公司应在做养护工作的同时向业主多做宣传工作,使业主知晓基础地基的一些基本知识,从而能协助物业公司做好地基基础的养护工作。地基基础的养护管理常做的具体工作如下:

(1) 定期严格检查上、下水渗漏情况。
(2) 对业主使用荷载很大的装饰材料应严格制止(不能以罚款替代)。
(3) 居住建筑周围(靠近房屋处)不应种树绿化,而应考虑以草、花为主。
(4) 要定期检查散水,排水沟的完好情况,并及时修复毁坏部位。
(5) 对地下室的防寒保护工作要制定计划,特别对有积水的地下室要在寒冷期以前将积水排净,以防冻害。

第二节 地下室的维护

地下室属于建筑物的组成部分。只有一层的地下室往往就是建筑物的基础。这个"空心"的基础往往可用来做人防、设备层、车库或仓库,也可用来居住或做其他用途。地下室的维护主要是防水,因此地下室的防水就是本节的主要内容。

一、地下防水工程的分类

按地下室所用的防水材料不同分类。

(一) 混凝土结构自防水

混凝土结构自防水是以工程结构本身的密实性实现防水功能的一种防水,它使结构承重和防水合为一体。防水混凝土一般分为普通防水混凝土、外加剂防水混凝土和膨胀水泥防水混凝土。

1. 普通防水混凝土

混凝土是非匀质材料,它的透水是通过石子与水泥砂浆之间的空隙、裂缝以及与石子砂浆表面形成的孔道进行的。普通防水混凝土是通过改善混凝土材料级配、控制水灰比来提高混凝土本身的密实性,减少混凝土中的孔隙和孔道,以控制地下水对混凝土的渗透。该种混凝土不宜承受扰动和冲击、高温或腐蚀作用,当构件表面温度高于100℃或混凝土的耐蚀系数小于0.8时,必须采取隔热,防腐措施。

2. 掺外加剂的防水混凝土

掺外加剂的防水混凝土是利用外加剂在混凝土内所起的特殊作用来消除混凝土渗水现象,达到防水目的。配制时,按所掺外加剂种类不同分为:加气剂防水混凝土、三乙醇胺防水混凝土、氧化铁防水混凝土等。

(1) 加气剂是一种憎水性表面活性剂,溶解于水,拌制混凝土时掺入加气剂溶液,能使混凝土产生大量互不连贯的微细气泡。这些大量稳定、均匀的细小气泡隔断了混凝土中的渗水通道,从而提高了混凝土抗渗性能。同时,各种侵蚀性介质和空气中的二氧化碳也不易侵入,所以又能提高混凝土的抗蚀性和抗碳化能力。掺加气剂的防水混凝土,抗渗等级可达到 0.8～3MPa。

(2) 氯化铁防水混凝土

将氯化铁防水剂掺入普通防水混凝土,通过混凝土的搅拌能生成一种胶状悬浮颗粒,填充混凝土中微小孔隙和堵塞通路,有效地提高混凝土的密实性和不透水性,其抗渗强度可达到 1.5～3.5MPa。

(3) 三乙醇胺防水混凝土

三乙醇胺是一种有机表面活性剂,为棕黄色透明油状液体,呈强碱性,pH 值为 8～9,相对密度为 1.12～1.13,与氯化钠复合使用,掺加到混凝土中,能阻塞毛细管通路,提高混凝土的密实性和不透水性。

(二) 水泥砂浆防水

水泥砂浆防水是一种刚性防水,是用水泥砂浆或掺有防水剂的水泥砂浆抹在地下结构的内外表面,作为地下防水混凝土结构的附加防水层和防水补救措施。近年来,利用高分子聚合物材料制成聚合物改性砂浆,以提高材料的抗拉强度和韧性。适用于埋置深度不大,使用时不会因结构沉降、温度和湿度变化以及受振动等产生有害裂缝的地下防水工程和只需做防潮处理的地下防水工程。

(三) 卷材防水

卷材防水是一种柔性防水,是将油毡、各种高分子防水卷材、高聚合物改性沥青卷材等,用胶粘材料粘结在地下结构外表面,作为防水层。卷材防水能适应钢筋混凝土结构沉降、伸缩或开裂变形的要求。有些新型卷材还具有抵抗地下水化学侵蚀的能力,适用广泛。

(四) 涂料防水

涂料防水实际上也是一种柔性防水。以高分子合成材料为主体的防水涂料,在常温下呈无定型液态,经涂布后能在结构表面形成坚韧防水膜,用它涂布在地下结构外表形成防水膜。

防水涂料种类很多,如聚氨酯防水涂料等。涂料防水的优点类似于卷材防水,适用面也很广,其推广和发展的很快。

二、地下室防水层渗漏的原因及检查方法

地下室防水层经常因为设计构造考虑不周,或施工质量不良,造成渗漏而影响使用。在进行修补前,必须查清渗漏水的原因和部位,方能进行修补。

(一) 地下室防水层渗漏的具体原因

对于地下室发生渗水、漏水等现象,在检查其发生的原因时,首先检查结构是否变形开裂,并对墙的阴阳角、门窗口与墙的接触面、过墙的管道、预埋墙内的配件、穿墙螺栓以及地面、墙面的裂缝、剥落、孔眼、空鼓、沉降缝等仔细检查,以弄清渗漏水的原因。

1. 用防水混凝土做地下室防水构造的渗漏原因:

(1) 普通防水混凝土

1) 施工中水灰比过大,骨料级配不佳;

2) 施工后养护不良。

(2) 加气型防水混凝土

1) 加气剂掺量不对,造成混凝土结构密实度不均匀;

2) 搅拌时间不适宜,使得混凝土内的微气泡含量不够,造成密实度低。

(3) 氯化铁防水混凝土

1) 氯化铁防水剂掺量过多会造成混凝土与钢筋握裹力降低,使压力水通过钢筋表面的毛细孔进入墙体、室内;氯化铁防水剂掺量过少,影响混凝土的密实性,降低了混凝土的抗渗性能;

2) 混凝土拌合时间短,防水剂分布不均,造成混凝土结构整体抗渗功能下降;混凝土养护欠佳,使混凝土微细裂缝扩大,形成毛细孔道,造成渗漏。

(4) 三乙醇胺防水混凝土

1) 砂率没有控制在 35～40 之间,降低了混凝土的抗渗能力;

2) 水泥用量过大,因为三乙醇胺的早强催化作用,在硬化后期,造成混凝土内部缺水,形成干缩裂缝,促成渗漏。

2. 对采用刚性抹面防水层的地下室发生渗漏的原因:

(1) 基层表面处理不好,使得防水层粘结出现剥落、裂缝、空鼓而引起渗漏;

(2) 防水层材料强度不足或配比不对,降低了防水性能;

(3) 施工时分层厚度过大,抹压次数不够;

(4) 对墙的阴阳角、门窗口与墙的连接处、过墙的管道、穿墙螺栓等周围的防水层,没有按要求去做,造成渗漏;

(5) 防水层受到地下水较强的化学侵蚀或高温作用;

(6) 由于基础不均匀沉降,使防水层遭到破坏;

(7) 地下室砖体墙身遭受腐蚀,使防水层砂浆不能很好的粘结,而逐步出现剥落、裂缝等造成渗漏;

(8) 砖砌体结构变形,或基础下沉造成墙体开裂,形成渗漏。

3. 对于卷材防水层的地下室渗漏原因:

(1) 设计防水层高度不够,地下水从防水层上部渗透;

(2) 地基不均匀沉降造成结构开裂,防水层柔性和强度不够被撕裂而渗漏水;

(3) 卷材粘贴质量不好,如粘贴不实,封边不严,搭接尺寸不足造成渗漏;

(4) 伸缩缝处使用的材料和构造形式不当,不能适应结构的变形。橡胶止水带缝口处油膏封闭不严,造成渗漏;

(5) 穿墙孔部位,防水处理不严;

(6) 防水卷材老化;

(7) 未及时砌油毡保护墙或施工中油毡破损未被发现等。

(二) 地下室防水层渗漏的现象及检查方法

1. 在地下室防水检查中,常见渗漏现象归纳为五种。

(1) 慢渗

漏水现象不明显,用布将漏水处擦干后,不能立即漏水,但经 10～20min 后,才发现有湿痕,再隔一段时间才集成一小片水。

(2) 快渗

漏水情况比较明显,将漏水处擦干后,经 3～5min 就发现湿痕,并很快集成一小片水。

(3) 有小水流

漏水情况明显,擦不净,水流不断,形成较大一片水。

(4) 急流

漏水严重,形成一股水流,由渗透孔或裂缝处急流涌出。

(5) 水压急流

漏水非常严重,地下水压力较大,室内形成水柱,由漏水处涌出。

2. 检查方法

为了进行堵漏、修补,必须找出漏水点的准确位置,除急流和水压急流外,漏水部位一般不能直接准确确定,而需要如下方法指导确定。

(1) 将漏水处擦干,立即在漏水处均匀撒干水泥粉,干水泥粉出现湿点或湿线处,就是漏水的孔或缝,立即用钻子或其他工具刻出标记,以便修补。

(2) 上述检查方法若干水泥粉出现同时湿一片的现象,不能确定漏水的准确位置时(此种往往是快渗或有小水流的情况),用布擦干后,迅速用纯水泥浆在漏水处均匀涂一薄层,并立即在该薄层上均匀撒干水泥粉一层,此时观察干水泥粉表面的湿点或湿线即为漏水的孔或缝。

(3) 对由于基础下沉引起的开裂造成的渗漏,可用测量仪器检查建筑物是否发生了不均匀沉降来证明,如果是此原因则须先处理完基础再修补裂缝。

三、地下室渗漏的修理与养护

(一) 修理

堵漏修补是地下室局部修理的一种有效的方法,需要根据不同的原因、部位,漏水的情况和水压的大小,采取不同的方法进行修补。堵漏修补的一般原则是:逐步把大漏变小漏,片漏变孔漏,线漏变点漏,使漏水集中于一点或数点,最后把点漏堵塞。

1. 地下室渗漏修缮施工准备

(1) 材料准备:

1) 按查勘设计要求备好所需的水泥、砂子。

2) 按规定的配合比备足水玻璃促凝剂,环氧树脂灌浆堵缝材料浆液等。

(2) 机具准备:

准备的机具主要有:手压泵、空压机、输料管、注浆嘴、榔头、铁抹子等。

(3) 作业条件准备:

1) 按查勘设计已核查并找出了渗漏部位,清楚了漏水情况和水压情况。

2) 依照渗漏情况已制定了堵漏方案,并向施工人员进行了技术和安全操作的交底工作。

3) 已具备了施工环境条件(如:用户已搬迁,排水通道及电源已接通等)。

2. 孔洞漏水的处理方法

(1) 当水压不大(水头在 2m 以下)漏水孔洞较小时,可采用"直接堵塞法"处理。即在漏水点中心剔槽,尺寸为直径 10mm、深 20mm。若直径再大,应深度也随之加大。所剔槽壁要与基面垂直,剔后用水将槽冲净,然后配制水泥胶浆(水泥:促凝剂=1:0.6)并团成与槽尺寸相近的锥形体,等胶浆开始凝固时,迅速用力堵塞入孔槽内,并向槽壁四周挤压,使其紧密结合。堵塞后,撒干水泥粉检查,如发现堵塞不严仍有渗水时,应全部清除,按上法重新堵修。如检查无渗水时,胶浆表面抹素灰一遍,水泥砂浆一遍。并与四周防水层结合好。

(2) 当水压较大(水头 2~4m),漏水孔洞较大时可采用"下管堵塞法"处理,见图 2-9。

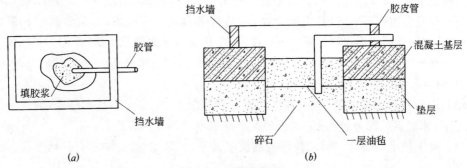

图 2-9 下管堵塞法
(a)平面图；(b)剖面图

将漏水孔剔成垂直于基层的孔洞,其深度视漏水而定。漏水严重的应直接剔至垫层,清除干净后,在洞底铺碎石一层,上面盖一层与孔洞大小相同的油毡,油毡中间开一小孔,用胶皮管插入孔内通到碎石中,使水顺管流出。若地面孔洞漏水,需在漏水处四周砌挡水墙,将水引出围墙外;最后用促凝水泥胶把孔洞一次灌满,待胶浆开始凝固时,用力向孔洞四周挤压密实,并使胶浆表面低于基层 10mm,用干水泥粉检查孔洞四周无漏水后,拔出胶皮管,再按孔洞漏水"直接堵塞法"将孔洞堵塞,最后拆除挡水墙。

(3) 当水压很大(水头在 4m 以上),漏水孔不大时,可采用"木楔堵塞法"处理,见图 2-10。

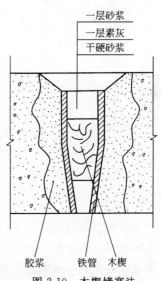

将漏水处剔成一孔洞,用胶浆将铁管(铁管一端打扁)稳固在孔洞内,再按铁管内径制作木楔一个,木楔上表面平整,并涂刷冷底子油一道,待水泥胶浆凝固后,用 1:1 快凝水泥

图 2-10 木楔堵塞法

砂浆(水灰比 0.3)把楔顶上部铁管内的空隙捣实,再抹素灰,水泥砂浆保护层与基层表面相平。

(4) 当水压较大,漏水严重,孔洞又较大时,可采用"预制套盒堵塞法"处理,见图 2-11。

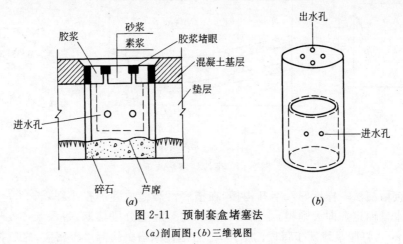

图 2-11 预制套盒堵塞法
(a)剖面图；(b)三维视图

将漏水处剔成圆形孔洞,深度至混凝土垫层以下,孔四周砌临时挡水墙。根据孔洞大小

做防水混凝土套盒,其外径比孔径稍小且外壁为毛面(以便粘结牢固)。套盒壁、底均有流水孔。在孔洞底先铺碎石一层,其上铺芦席,然后将套盒反扣在孔洞内,套盒高度比洞深要低20mm。孔洞四周填垫小碎石至原垫层高度,再在其上用水泥胶浆填满,并用力挤压密实。然后插入胶管于盒底部的孔眼内,将水引出。拔出胶管后按"直接堵塞法"的做法将孔眼堵塞。

3. 裂缝漏水的处理方法

结构变形和收缩造成开裂渗、漏水均属于裂缝漏水,应在变形基本稳定,裂缝不再发展的情况下,才能进行修补,要根据水压的大小采取不同的操作方法。

(1) 水压较小的裂缝,慢渗、快渗或涌流状漏水,可采用"裂缝漏水直接堵塞法"处理,见图 2-12。

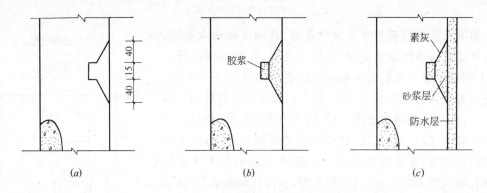

图 2-12 裂缝漏水直接堵塞法
(a)剔槽;(b)填槽;(c)抹防水层

沿裂缝方向以裂缝为中心剔成八字形边坡沟槽,深 30mm,宽 15mm,将沟槽清洗干净,把水泥胶浆捻成条形,在胶浆将要凝固时,迅速堵塞在沟槽中,并挤压密实。裂缝过长,可分段堵塞。堵塞完毕检查已无渗水现象时,再在八字坡内抹素灰一层,砂浆一层且与基层面相平。

(2) 水压较大或快渗的裂缝漏水可采用"下线堵塞法"处理,见图 2-13。

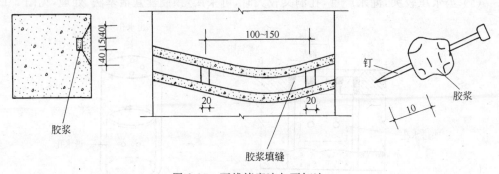

图 2-13 下线堵塞法与下钉法

与直接堵漏法一样剔好八字开沟槽,在槽底沿裂缝放置一根小绳,长 200~300mm,绳直径视漏水量而定。即大则粗,小则细。较长的裂缝应分段堵塞,每段长 100~150mm,段间距为 20mm,将胶浆堵塞于每段沟槽内,然后迅速向槽壁两侧挤压密实,之后把小绳抽出,再压实一次,使水顺绳孔流出。每段间留 20mm 的空隙,可用"下钉法"缩小孔洞。即把胶浆包在钢钉上,待胶浆要凝固时,插入20mm的空隙中,用力将胶浆与空隙四周压实,同时转动钢钉并立即拔出,使水顺钉流出,经检查除钉孔外无渗漏水现象时,沿沟槽坡抹素灰一层,砂浆一层,表面扫毛。再按孔洞漏水"直接堵塞法"完成最后堵孔工作。

(3) 用促凝水泥补成片漏水的方法

1) 在不能降低地下水位的情况下

经过鉴定认为结构强度能满足设计要求时,按孔洞或裂缝补漏法先明显后隐蔽地分批修补。具体步骤如下:

(a) 在近建筑物出口处设临时集水坑,排除积水。

(b) 将明显的孔洞或裂缝分别按相应的堵漏方法逐个堵塞。

(c) 对毛细孔渗水先将混凝土表面刷洗干净后抹1:1.5水泥砂浆厚15mm,凝固后,查出渗漏部位,按直接堵塞法一一修好。

(d) 用预制套盒法处理好临时集水坑。

(e) 最后整个地面再做一层防水层。

2) 水量较小,水压不大的混凝土蜂窝麻面的补漏。其步骤如下:

(a) 将漏水处用钢丝刷刷净。

(b) 在混凝土表面涂抹胶浆,并撒上干水泥粉。

(c) 在干水泥粉上出现的湿点即为漏水点,可按"孔洞堵塞法"完成堵塞工作,并用此法将各个漏水点的堵塞工作完成。

(d) 堵塞工作完成后随即抹素灰、砂浆各一层。

3) 水压较小的砖墙面密集的小孔补漏

针对这种情况要采用割缝堵漏法。其步骤如下:

(a) 用钢丝刷将壁面及灰缝清理干净后,看准漏水部位定好位。

(b) 对漏水处选一、二个部位抹促凝水泥砂浆一层,迅速在漏水处用铁抹子割开一道缝隙,使水顺缝流出。

(c) 待砂浆凝固后,将缝隙用胶浆堵塞好。

(d) 最后按要求做一层总的防水层。

4. 地下室渗漏修缮施工的管理要点

主要抓好三个环节的管理:

(1) 对所用的各类堵漏材料要严格质量检验;

(2) 在修缮施工中严格按修缮方案定好的顺序及工艺要求进行施工;

(3) 对使用压力灌浆设备要事先做好充分准备,包括设备的检查及人员的组织,保证连续进行,一次灌浆成功。

(二) 养护

在地下室的养护中,首先应对其设计结构有所了解,并对其易出现的毛病建立档案及经常的检查和维修制度,防微杜渐。这样不仅可及时发现和处理存在的问题,而且还能将人为损坏的因素向使用者宣传,并提出科学的使用方法,以减少乃至杜绝人为损坏的发生,达到长期使用的目的。在日常的养护中应做到如下几方面:

(1) 加强对地下室,尤其是防水的检查,特别是施工缝、沉降缝、后浇带、管道穿墙部位、墙内预埋件部位的检查,要形成严格的制度。并在发现问题时及时修补。

(2) 使用者不得以重器、锐器敲击地面和墙面,不准在墙壁上打眼、钉钉和安装膨胀螺栓。

(3) 门窗口不得随意改动。

(4) 靠墙及地面不得有高温设施(防水混凝土在高温下会大大降低抗渗能力)。

(5) 腐蚀的管道及配件应及时更换。

(6) 地下室一旦进水(外来水)要及时排出。

(7) 无人居住的地下室,夏季应保持通风,冬季应有防冻措施,进出口有防范措施。

本 章 小 结

房屋的地基基础和地下室是房屋最下部位的重要组成部分。它出问题往往是重大的,会严重影响使用。本章从出现问题的现象开始,指出发生的原因,阐明检查鉴定这些问题的方法;进一步阐述了维修这些病害的手段,最后总结出如何正确搞好养护的方法。

复 习 题

1. 地基损坏有哪些形式,现象是什么样的及产生的原因?
2. 基础损坏有哪些形式,现象是什么样的及产生的原因?
3. 地基的修缮和加固方法有哪些,适用于什么情况?
4. 基础的修缮加固方法有哪些,适用于什么情况?
5. 如何对地基基础进行养护?
6. 地下室渗漏现象有哪几种?
7. 地下室渗漏现象产生的原因有哪些?
8. 如何准确确定出水孔或缝的位置?
9. 地下室防水堵漏的方法有哪些?
10. 地下室的防水养护要做到哪些?

第三章 砌体结构的维修与养护

第一节 砌体结构的一般知识

由砖、石或各种砌块用砂浆砌筑而成的结构，称为砌体结构。其所使用的材料，如黏土、砂、石等都是地方性材料，可以"因地制宜，就地取材"。因此砌体结构是我国建筑工程中最常用的结构型式。大多数民用房屋结构的墙体是砌体材料建成的，而屋盖和楼板则是用钢筋混凝土建造的，这种由两种或两种以上材料作为主要承重结构的房屋也称为混合结构房屋。

一、砌体材料

（一）块材

1. 砖

用于砌体结构中的砖，有烧结普通砖和硅酸盐砖，而使用最普遍的是烧结普通砖，其标准尺寸为240mm×115mm×53mm。为节约黏土，减轻墙体自重，改善砖砌体的技术经济指标，近年来我国大力推广应用具有不同孔洞形状和不同孔洞率的承重黏土空心砖，其主要规格有：KP1型，尺寸240mm×115mm×90mm；KP2型，尺寸240mm×180mm×115mm；KM1型，尺寸190mm×190mm×90mm。上述两种类型砖，按强度等级划分为MU30、MU25、MU15和MU10。非烧结硅酸盐砖是用工业废料，煤渣及粉煤灰加生石灰和少量石膏振动成型，经蒸压制成的，其尺寸和标准砖相同。

2. 砌块

为了解决目前烧结普通砖与农业争地的矛盾，混凝土小型空心砌块得到了迅速发展，现已成为具有竞争力的墙体材料，北方寒冷地区还生产了用浮石、火山渣等轻骨料制成的轻骨料混凝土空心砌块，是寒冷地区保温及承重的较理想的墙体材料。小型空心砌块的标准尺寸为190mm×390mm×190mm，其强度等级分为MU20、MU15、MU10、MU7.5和MU5。

3. 石材

天然石材按加工程度分为料石和毛石。当石材自重大于$18kN/m^3$时称为重石（如花岗石、石灰石、砂石等），自重小于$18kN/m^3$时称为轻石（如凝灰岩、贝壳灰岩等）。重石材由于强度高、抗冻性、抗渗性、抗气性均较好，故通常用于建筑物的基础、墙体以及挡土墙等。

（二）砌筑砂浆

砂浆在砌体中的作用是将单个的块材粘结成一整体，并因抹平块体表面而使其应力分布较为均匀。此外，砂浆填满块体间的缝隙，减少了砌体的透气性，因而提高了砌体的隔热性能，这一点对采暖房屋是相当重要的。

砂浆是由砂、矿物胶结材料（水泥、石灰、黏土及石膏等）与水按配合比要求经搅拌而成。对砌体所用砂浆的基本要求是强度、可塑性（流动性）和保水性。

砂浆按其成分可分为：无塑性掺合料的(纯)水泥砂浆；有塑性掺合料(石灰膏或黏土)的混合砂浆以及不含水泥的石灰砂浆、黏土砂浆和石膏砂浆等非水泥砂浆。无塑性掺合料的纯水泥砂浆，由于能在潮湿环境中硬化，一般多用于含水量较大的地基土中的地下砌体。混合砂浆(水泥石灰砂浆、水泥黏土砂浆)强度较好，便于施工，常用于地上砌体。非水泥砂浆中的石灰砂浆，强度不高，属气硬性材料(即只能在空气中硬化)，通常用于地上砌体；黏土砂浆，强度低，一般用于简易房屋；石膏砂浆，硬化快，用于不受潮湿的地上砌体中。砂浆的强度等级有 M15、M10、M7.5、M5 和 M2.5。

二、砌体的施工要点

（一）砌体的一般要求

砌体根据所用的块材及是否配筋分为：砖砌体、砌块砌体、石材砌体、配筋砌体。此外，还有在非地震区采用实心砖砌筑的空斗墙砌体等。砌体除应采用符合质量要求的材料外，还必须保证有良好的砌筑质量，以使砌体具有良好的整体性、稳定性和受力性能。一般要求砌体灰缝横平竖直，砂浆饱满，厚薄均匀，块体应上下错缝，内外搭砌，接槎牢固，墙面垂直；在施工中注意墙、柱的稳定性；冬期施工时还要采取相应的措施保证砌体的质量。

（二）砖墙的砌法

普通砖墙的砌筑形式主要有一顺一丁、三顺一丁和梅花丁，此外还有二平一侧(用于砌180mm 厚或 300mm 厚墙)、全顺(用于砌半砖墙，即 120mm 厚墙)、全丁(用于砌圆弧形砌体)。

1. 一顺一丁

一顺一丁是一皮中全部顺砖与一皮中全部丁砖间隔砌成。上下皮间的竖缝相互错开 1/4 砖长(图 3-1a)。这种砌法效率较高，适用于砌一砖、一砖半及二砖墙。

2. 三顺一丁

三顺一丁是三皮中全部顺砖与一皮中全部丁砖间隔砌成。上下皮顺砖间竖缝错开 1/2 砖长；上下皮顺砖与丁砖间竖缝错开 1/4 砖长(图 3-1b)。这种砌法因顺砖较多，砌筑效率较高，适用于砌一砖、一砖半墙。

3. 梅花丁(十字式、沙包式)

梅花丁是每皮中丁砖与顺砖相隔，上皮丁砖坐中于下皮顺砖，上下皮间竖缝相互错开 1/4 砖长(图 3-1c)。这种砌法比较美观，灰缝整齐，而且整体性较好，但砌筑效率较低。适用于砌一砖及一砖半墙。

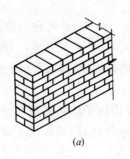 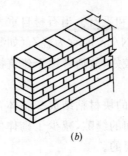 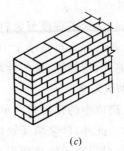

(a)　　　　　　　　(b)　　　　　　　　(c)

图 3-1　砖墙组砌方式

(三) 砌筑施工要点

砖墙砌筑工艺一般是抄平、放线、摆砖、立皮数杆、盘角、挂线、砌筑、勾缝、清理等工序。

(1) 全部砖墙应平行砌起,砖层必须水平,并用皮数杆控制其正确位置,基础和每楼层砌完后必须校对一次水平、轴线和标高,应在允许偏差范围内,其偏差值应在基础或楼板顶面调整。

(2) 砖墙的水平灰缝和竖向灰缝厚度一般为10mm,但不小于8mm,也不应大于12mm。水平灰缝的砂浆饱满度不得低于80%,竖向灰缝宜采用挤浆或加浆方法,使其砂浆饱满,严禁用水冲浆灌缝。

(3) 砖墙的转角处和交接处应同时砌筑。对不能同时砌筑而又必须留槎时,应砌成斜槎,斜槎长度不应小于高度的2/3(图3-2)。如留斜槎有困难时,除转角处外,也可留直槎,但必须做成阳槎,并加设拉结筋。拉结筋的数量为每120mm墙厚放置1根直径为6mm的钢筋,间距沿墙高不得超过500mm,埋入长度从墙的留槎处算起,每边均不小于500mm,其末端应有90°弯钩(图3-3)。抗震设防地区不得留直槎。

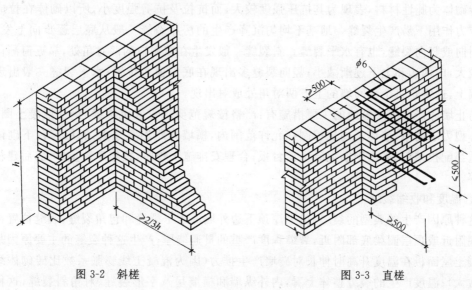

图3-2 斜槎　　　　　　　　图3-3 直槎

(4) 隔墙与承重墙如不同时砌筑而又不留成斜槎时,可于承重墙中引出阳槎,并在其灰缝中预埋拉结筋,其构造与上述相同,但每道不少于2根钢筋。

(5) 砖墙接槎时,必须将接槎处的表面清理干净,浇水润湿,并应填实砂浆,保持灰缝平直。

(6) 每层承重墙的最上一皮砖、梁或梁垫的下面及挑檐、腰线等处,均应用整砖丁砌。隔墙和填充墙的顶面与上层结构的接触处,宜用侧砖或立砖斜砌挤紧。

(7) 砖墙中留置临时施工洞口时,其侧边离交接处的墙面不应小于500mm,洞口顶部宜设置过梁。

(8) 砖墙相邻工作段的高度差,不得超过一个楼层的高度,也不宜大于4m。砖墙临时间断处的高度差,不得超过一步脚手架的高度。砖墙每天砌筑高度以不超过1.8m为宜。

第二节 砖砌体结构的损坏与查勘

一、砌体结构损坏的形式及原因

（一）砖砌体裂缝及产生的原因

砌体裂缝是墙体比较普遍的损坏现象之一。砌体上产生裂缝后，会影响建筑物的观瞻，有的还会造成建筑物的渗漏等病害，影响建筑物使用功能和寿命，严重的甚至影响到建筑物的强度、刚度、稳定性和整体性，危及到建筑物的使用安全。裂缝产生的原因有很多，也较复杂，需要综合分析，找出主要原因，以便对症下药。根据砌体一般受力情况，可以将裂缝分为两类：一类为非荷载裂缝，即裂缝的产生不是由于砌体承受荷载造成的，比如沉降裂缝、温度和收缩裂缝等；另一类为荷载（强度）裂缝，即砌体受荷载作用后，因砌体强度不足而直接引起砌体开裂。

1. 沉降裂缝

是由于地基发生不均匀沉降，改变了砌体下支承反力的分布，在砌体内产生了附加应力。砖砌体为脆性材料，表现为其抗压强度较大，而抗拉及抗剪强度小，所以砌体在拉应力和剪应力作用下易产生裂缝。地基不均匀沉降产生的房屋裂缝一般从底层逐步向上发展，多为斜向或竖向裂缝，也有水平裂缝。斜裂缝一般发生在窗洞口的两对角处，靠近窗洞口处缝宽较大，向两边和上下逐渐减小；竖向裂缝多出现在底层窗台位置；水平裂缝一般出现在窗间墙上，通常是每个窗间墙的上方两对角处成对出现。

防止墙体产生沉降裂缝的主要措施有：严格按规范要求设置沉降缝、钢筋混凝土圈梁；房屋体型力求简单，墙体长高比控制在允许范围内，横墙间距不宜过大；底层窗台下砌体灰缝内适当配拉结筋；采用钢筋混凝土窗台板；合理安排施工顺序，宜先建较重单元，后建较轻单元等。

2. 温度和收缩裂缝

这种原因产生的典型的裂缝有：平屋顶下边外墙的水平裂缝和包角裂缝，裂缝位置在平屋顶底附近或顶层圈梁底部附近，裂缝程度严重的贯通墙厚，产生这种裂缝的主要原因是钢筋混凝土屋面板在温度升高时伸长对砖墙产生推力（因为混凝土线膨胀系数比砖砌体线膨胀系数大）；温度产生的裂缝整体上看，内外纵墙和横墙呈八字形裂缝、对角斜裂缝，这种裂缝特点，一是发生在顶层从上到下，由重到轻逐步发展；一是发生在两端从两端到中间，由重到轻逐步发展。其原因也是气温升高后屋面板伸长比砖墙大，使顶层砖墙受拉、受剪。拉应力分布大体是墙体中间为零两端最大，因此八字形裂缝多发生在墙体两端附近。

3. 强度裂缝

是指在荷载直接作用下因砌体强度不足而产生的裂缝。这种裂缝常发生在砌体直接受力部位，而且其破坏形式与荷载作用引起的破坏形式相一致，如受压、受拉、受弯及受剪等。砌体一旦出现强度裂缝，必然影响到房屋的使用安全，应及时检查、鉴定，采取有效的加固措施。

（二）砖砌体腐蚀及产生的原因

砖砌体腐蚀，一般表现为墙面产生粉化、起皮、酥碱和剥落等现象，这种破坏从表层逐渐向砌体纵深发展，减小了墙体厚度，降低了砌体承载力和墙体的保温、隔热等性能，影响房屋建筑的美观,严重的还会造成坍塌事故。砌体产生腐蚀的原因主要有自然界的长期侵蚀、使用环境介质的侵蚀、使用养护不当、砌体材料质量不合格及施工原因等。

砌体作为建筑物的外墙时,长期受自然界风、霜、雨、雪的侵蚀,以及因夏季高温,冬季严寒周而复始的循环胀缩。特别是墙体长期受潮部分和墙体下部,经反复冻融作用,砌体面层容易形成粉状,并不断剥落。地下水位较高的地区,又因地下水中常含有溶解性盐类和酸类,对墙体下部砌体也有侵蚀作用,城市中大气污染对砌体亦有不同程度的侵蚀作用。另外,块体材料质量不合格或清水砖墙灰缝勾缝施工质量不符合要求,更会加速上述侵蚀现象的发生。

(三) 墙体的变形

1. 沿墙面的变形——倾斜与弯曲

沿墙面的水平方向的变形叫倾斜,沿墙面的竖向变形叫弯曲。变形前后的墙体仍在同一平面内(图3-4)。

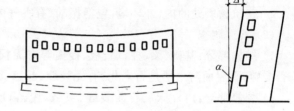

图 3-4 沿墙面的弯曲

造成房屋倾斜与弯曲的主要原因有:施工不良造成,比如,灰缝厚薄不匀,砌筑砂浆质量不符合规定,组砌方法不当和冬期采用冻结法施工时,未严格遵守规定要求;地基不均匀沉降;房屋横墙平面内刚度不足造成倾斜,此时墙体一般不能满足《砌体结构设计规范》(GB 50003)的要求,如横墙中洞口的水平截面面积过大,横墙长度与其高度的比值相对较小等。

2. 出墙面的变形

垂直于墙面的变形叫出墙面变形,变形后侧面观察,原来的竖向平面,变成曲面或斜面。例如弯曲、凸突或倾斜。

造成墙体发生出墙面变形的原因也可归纳为:施工不良导致;设计失误,使得墙体高厚比过大,超过了规定允许值;出墙面强度不足,多发生在外墙及偏心受压墙,侧视可见墙面向外弯曲;地基发生不均匀沉降时,当楼盖与墙体缺乏可靠连接会发生向外侧的倾斜,而当楼盖与墙体有可靠连接时,地基不均匀沉降使基础发生转动,则可能发生出墙面的弯曲变形。

二、砌体结构房屋的查勘

(一) 房屋查勘的目的和内容

1. 房屋查勘的目的

房屋查勘是对房屋进行实地调查研究的过程。其主要目的在于查明房屋在建筑、结构及设备方面的历史情况和技术现状,及时发现房屋的损坏情况,为进行房屋可靠性鉴定和维修改造提供依据,并使我们能对房屋进行科学、准确的评价,制定出经济合理、牢固实用的维修加固方案,保证房屋的使用安全,延长使用寿命。

(1) 监督房屋的合法使用,掌握房屋结构、构件及设备的技术状况,及时发现和纠正违反使用规定的违章行为,保证房屋安全使用;

(2) 掌握房屋的完损状况,依据《房屋完损等级评定标准》,评定房屋的完好等级,计算房屋完好率;

(3) 为编制年度房屋维修计划提供依据;

(4) 为拟定房屋维修加固设计方案提供依据。

2. 房屋查勘的内容

(1) 概况调查

1) 建筑物的概况：主要包括建筑物的名称、用途、结构形式、层数、层高、总高、设计单位、施工单位和开竣工年月等；

2) 图纸与文件资料：包括设计任务书、地质钻探资料、全套施工图纸及竣工图、设计变更资料等原始资料；

3) 建筑物的历史状况：包括建筑物用途变更情况、改扩建情况、修缮情况、有无遭受水灾、火灾、地震灾害及其他偶然事件如爆炸的影响等；

4) 建筑物所处的内、外环境：包括振动、有害气体、工业废水排放、高温等。

(2) 检测调查

1) 结构部分：基础、梁、柱、墙、板、楼面等有无损坏，变形是否超过允许规定；瓦房屋面是否漏雨；平屋面防水层是否老化，有无裂缝、起翘、渗漏等现象；

2) 装修部分：内外抹灰有无裂缝、空鼓、脱落；墙壁是否渗漏、积露；门窗有无松动、腐烂；油漆是否起壳、剥落；

3) 设备部分：水、卫、电照、通讯、燃气、暖气及各种设备是否完好、完整，运行正常；

4) 附属设施：上、下水道、化粪池是否畅通，有无损坏等。

3. 砖砌体结构的查勘

对砖砌体结构，主要检验砌体灰缝砂浆的饱满度，砖墙、柱的截面尺寸，垂直度和表面裂缝，砖砌体表面腐蚀层深度，砌体中灰缝砂浆和砖块的强度等。

(1) 砖砌体灰缝砂浆饱满度检验。砖砌体中水平灰缝砂浆必须填实饱满，要求砂浆饱满度不小于80％。检验的方法和数量为每步架随机抽查不少于3处，每处掀开3块砖，用钢尺或百格网检测砖底面与砂浆的粘结痕迹面积，取3块砖砂浆饱满度百分率平均值，作为该处的灰缝砂浆饱满度。

(2) 砌体截面尺寸和砖墙、柱垂直度检验。进行砌体承载力验算时，需要弄清楚砌体截面的实际尺寸。检测砖墙、柱截面尺寸前，应把其表面的抹灰层铲除干净，用钢尺仔细量取。

测量砌体的垂直度，也应清除砌体表面抹灰层，根据不同建筑物，用经纬仪、全站仪或吊线和钢尺测量砖砌体的垂直度。对多层砖砌体房屋规定，每层的垂直度允许偏差为5mm；砖砌体全高小于或等于10m者，允许偏差为10mm；砖砌体全高大于10m者，允许偏差为20mm。重点检查有明显偏斜或截面面积缺损的砌体。

(3) 砖砌体裂缝检测。对砌体表面裂缝应作全面检测，查清裂缝的长度、宽度、方向和数量。可用钢尺量取裂缝长度，记录其数量和走向；以塞尺、卡尺或专用仪器量测裂缝的宽度。把检测结果详细地标注在墙体立面图或砖柱展开图上。初步分析产生裂缝的主要原因。

(4) 砖砌体腐蚀层深度的检测。可以先按砖墙面腐蚀的严重程度，划分若干区域或类别，同一类中随机抽查检验。墙面表层已腐蚀的部分一般较疏松，容易剥落，只要用小锤轻敲墙体表层，除去腐蚀层，用钢尺直接量取砖的腐蚀层深度。灰缝砂浆的腐蚀深度检测方法与检测砖的腐蚀层深度方法相同，但由于砌筑砂浆的强度低，有时较难确定正常砂浆与被腐蚀砂浆的分界线，因此在轻轻铲除表层腐蚀砂浆时，除应注意区别被腐蚀砂浆与正常砂浆的硬度外，还应观察二者的颜色变化，以确定灰缝砂浆的腐蚀层深度。

(5) 砖砌体抗压强度的检验。砌体强度是砌体的重要力学指标,关系到砌体结构的受力安全。而砌体又是砖和砂浆的复合体,很难从结构上截取试件直接做砌体强度检验。通常的方法是分别用回弹仪检验出砖和砂浆的抗压强度,按《砌体结构设计规范》(GB 50003)确定砌体强度。

第三节 砖砌体结构的维修与加固

一、砖砌体结构的维修

(一) 裂缝的修补

砖砌体裂缝的修补,一般应在裂缝稳定以后进行,应首先查明产生裂缝的原因,否则,即使进行了修补,裂缝还会继续开展。如地基与基础需加固时应先处理地基和基础;砌体安全度不足时应先加固砌体等。另外,裂缝是否需要处理以及采用何种修补方法,应从裂缝对房屋建筑的美观、强度、耐久性、稳定性等方面的影响程度,综合考虑后确定。

常用的维修方法有以下几种:

1. 水泥砂浆填缝

用水泥砂浆嵌填已趋于稳定的裂缝是最简单、经济的修补方法。操作时先用工具将缝隙清理干净,并洒水润湿,根据裂缝宽度不同,分别用勾缝镏子(抿子)、抹子等工具将裂缝填抹严实,所用砂浆为1:3水泥砂浆或比原砌体砂浆高一等级的混合砂浆。这种修理方法对砖砌体的美观、使用、耐久性等方面可起到一定作用,但对提高砌体强度、整体性方面,作用不大。

2. 抹灰

抹灰可用作常见非结构裂缝而且裂缝不严重已经停止发展的处理,也可用于砌体表面酥碱腐蚀等缺陷处理。抹灰前应先清除或剔除墙面上疏松部分,用水冲净润湿后再做抹灰处理,抹灰所用砂浆种类应根据墙体部位和抹灰所起作用而选用。抹灰处理后对砌体的整体性、强度均能起到一定的作用。

3. 喷浆

用压力喷浆(机械喷涂抹灰)代替手工抹灰,处理裂缝及受腐蚀而酥碱的砌体表面,具有更好的强度、抗渗性和整体性,特别是对裂缝的处理效果更佳。

4. 压力灌浆

压力灌浆是通过灌浆设备施加一定的压力,将某种复合水泥浆液或化学浆液灌入裂缝内,把砌体重新胶结成为整体以达到恢复砌体的强度、整体性、耐久性以及抗渗性的目的。

(二) 砖砌体腐蚀的维修

1. 砖墙面腐蚀的修补

对于墙面腐蚀一般,尚未对墙体安全造成严重影响的修补。首先将已腐蚀的墙面,呈酥松的粉状腐蚀层清除干净,可用人工凿除,再用钢丝刷清除浮灰、油污等,然后用压力水冲洗干净。根据墙体防腐要求,对墙面进行修复,可加抹水泥砂浆、耐酸砂浆或耐碱砂浆面层,或改用沥青混凝土、沥青浸渍砖等修复。

2. 砖砌体的局部拆除重砌

墙体局部腐蚀严重(截面削弱减少1/5以上)或出现严重的空鼓、松动、歪闪、裂缝等现象,对结构安全已发生影响时,可采用局部拆除重砌(剔砌或掏砌)的处理方法。砖墙剔砌适用于不小于一砖半厚的实心砖墙,剔换厚度不得超过半砖厚。

(1) 剔砌前准备 50mm 宽,8～10mm 厚的钢板。在墙面上画出剔砌范围、作业顺序和施工缝的位置,范围较大时应设置皮数杆。

(2) 按分段范围剔拆碱蚀、风化砖,应随拆随留槎,随清理干净,浇水湿润,剔砌时,应在墙面上挂立线,拉水平线,按原墙组砌形式砌筑,每隔 4～5 皮砖用整丁砖与旧墙剔槽拉结,其间距不大于500mm,坐浆挤实(图 3-5)。

(3) 剔砌至最上一皮砖时,应临时用楔撑开,填塞稠度 30～40mm 的 1:3 水泥砂浆严实,灰缝厚度不得小于 8mm。

(4) 剔砌的墙身应搭接牢固,咬槎良好,砂浆饱满,表面平整,色泽一致,灰缝通顺,所用砂浆强度等级不宜低于 M2.5。

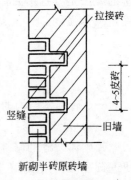

图 3-5 剔除后新旧砖墙结合

对面积较大严重腐蚀的多层房屋底部墙体,在保证房屋结构和修缮施工安全的条件下,可采用"架梁掏砌"的方法。架梁支顶采用钢木支撑或用圆木柱和方木梁。对腐蚀的墙身掏砌应分段进行,每段长 1～1.2m,留出接槎连续进行,随掏随砌,直至把腐蚀部分全部掏换干净,掏换部分的顶部水平缝采用坚硬的片材(如钢片)楔紧,并灌入 M5～M7.5 砂浆。

二、砖砌体结构的加固

砖砌体结构的承重构件(墙、柱、过梁等)发生严重开裂、腐蚀、变形,超过《危险房屋鉴定标准》(CJ 13—86)的规定,已成危险构件时,就应对砖砌体结构进行加固。砖砌体结构的加固应当在查勘鉴定和加固设计后,按设计要求进行。

(一)墙、柱强度不足的加固

加固时应先进行承载力验算,选择加固方案和确定加固断面。有下面几种加固方法可供选择:

1. 用钢筋混凝土加固

(1) 增加钢筋混凝土套层。在砖柱或砖壁柱的一侧或几侧用钢筋混凝土扩大原构件截面。为加强新增加的钢筋混凝土与原砌体的联系,原砌体各面每隔 1m 高左右设一个销键,各面的销键要交错设置。套层除了直接参与受力外,还可以阻止原有砌体在竖向荷载作用下的侧向变形,从而满足原砌体对承载力的要求(图 3-6)。

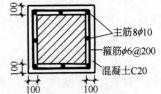

图 3-6 钢筋混凝土套箍加固

(2) 增设钢筋混凝土扶壁柱。在砖墙的单侧或双侧增设钢筋混凝土扶壁柱。该法由于增大了截面,因此可以提高砌体的承载力,同时对提高墙体刚度、稳定性也可起到明显效果(图 3-7)。

2. 用砌体增大墙、柱截面的加固

独立砖柱、窗间墙及承重墙,承载力不够,但砌体尚未被压裂,或只有轻微裂缝时,可采用扩大砌体截面的方法,达到加固的目的。

增大截面的方法有:在砖墙上增设扶壁柱,在独立柱、扶壁柱外包砌砖墙等。要求后增加砌体的截面,应满足补强加固的需要,所用砖的强度等级与原砌体相同,砂浆强度等级比原砌体砂浆等级提高一级,且不能低于M2.5,新旧砌体要结合牢固,可在新旧砌体之间埋设钢筋,加强相互拉结,使其能共同工作。断面增大后,如基础不能满足传力要求,应相应扩大基础。

3. 用配筋喷浆层或配筋抹灰层加固

当砌体大面积严重腐蚀,表层深度酥松,及砌体需要的加固断面厚度较小时,可采用配筋喷浆或配筋抹灰的方法进行处理。施工时先将原砌体表层酥松部分凿除,清理干净,接下来绑扎钢筋,提前浇水润湿墙面,然后按设计要求进行喷浆或抹灰,要特别注意对喷浆或抹灰层的养护。

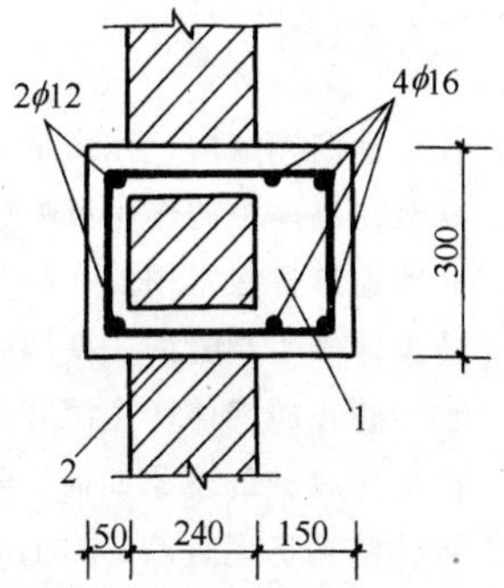

4. 托梁换(加)柱加固

当独立砖柱、窗间墙等承载力下降很大,砌体已严重开裂,有倒塌的危险,采用增大砌体断面补强已不能取得最佳效果时,应采用托梁换柱或托梁换墙的方法加固。

图3-7 增设扶壁柱加固砖墙
1—现浇混凝土C30;2—墙上每五皮砖凿孔,孔径ϕ30,放入ϕ8箍筋后用砂浆填满

对于独立砖柱,宜采用托梁拆柱重砌,新砌的砖柱截面,应通过计算确定,并应在梁底处加设钢筋混凝土梁垫。

对于窗间墙,根据承受荷载大小及构造情况,可将原墙拆除重砌,也可拆除部分墙体,另设一根钢筋混凝土柱,其截面尺寸和配筋应通过计算确定。施工时要用支撑将上部结构撑起,并采取相应的安全措施。原有砖墙应拆成锯齿形以便新旧结构能很好地连接成整体,同时还要相应增大柱子部位的基础。

(二) 墙、柱稳定性不足的加固

墙、柱稳定性不足的加固措施有:加大截面厚度、加强连接锚固和补加支撑等。

加大砌体截面的厚度,亦即减小了墙、柱的高厚比,从而提高了墙、柱的稳定性,同时具有补强作用。加固的方法如前所述。增强的断面需要进行高厚比的验算。

当砖墙的锚固不足或锚固发生异常时,应视具体情况加强或补做锚固。砖混结构的房屋山墙设计通常以屋面板或檩条等构件作为墙体顶部的水平支撑,如山墙与屋面板或檩条锚固不足,甚至漏做,则墙顶应按自由端验算砖墙的高厚比,高厚比不足时,应补做锚固,如增设螺栓连接,增埋铁件进行焊接等。

墙、柱发生裂缝、歪闪及稳定性不足时,可加设斜向支撑临时加固,也可增设隔断墙或增设钢拉杆、钢支撑等,作为永久性加固。

本 章 小 结

砌体结构因材料来源广泛、造价较低、施工简单,因此,长期以来是我国建筑工程中最常用的结构形式。通过本章的学习,了解常用砌体材料的种类、用途以及砌体的一般要求和墙体的砌筑方法;理解砖砌体损坏的形式及原因;掌握砌体结构房屋查勘的内容、方法;重点掌握砖砌体结构的维修与加固原则、方法。

复 习 题

1. 什么是砌体结构？什么是混合结构？
2. 砂浆在砌体中的作用有哪些？常用的砂浆有哪几种？
3. 砖墙砌筑方法常用的有哪几种？
4. 砖砌体产生裂缝的主要原因及裂缝发生的部位、走向如何？
5. 如何防止砖墙体产生沉降裂缝、温度及收缩裂缝？
6. 砖砌体腐蚀的现象如何？其对房屋的危害是什么？
7. 砌体结构房屋查勘的目的和内容有哪些？
8. 砖墙体裂缝常用的维修方法有哪几种？
9. 砖墙体腐蚀的维修方法有哪几种？
10. 说明墙、柱承载力不足时的几种加固方法。

第四章 钢筋混凝土结构维修与养护

第一节 钢筋混凝土结构的一般知识

一、钢筋混凝土结构的特点

钢筋混凝土是由钢筋和混凝土这两种性质截然不同的材料所组成。混凝土的抗压强度较高,而抗拉强度很低;钢筋的抗拉和抗压强度都很高,但单独用于受压时容易失稳,且钢材易腐蚀。将二者结合在一起工作,混凝土主要承受压力,钢筋主要承受拉力,这样就可以有效地发挥各自材料的受力性能,更合理地满足工程结构的要求,取得较好的经济效果。在钢筋混凝土结构中,有时也利用钢筋来协助混凝土承受部分压力,从而起到提高其延性以及减小变形等作用。目前我国城镇中许多低层、多层与高层建筑均采用钢筋混凝土结构建造。这主要是因为其具有以下优点:

(1) 耐久性好。处于良好环境的钢筋混凝土结构,混凝土的强度不随时间增长而降低,且略有提高,钢筋受混凝土保护而不易锈蚀,所以钢筋混凝土结构的耐久性好,不像钢结构那样需要定期维护。

(2) 耐火性好。混凝土本身的耐高温性能好,且可保护钢筋不致在高温下发生软化,所以耐火性优于钢、木结构。

(3) 整体性好。现浇整体式钢筋混凝土结构,节点的连接强度较高,其整个结构的强度和稳定性能好,因而有利于抗震及防爆。

(4) 可模性好。可以根据设计和使用需要,浇筑成各种形状和尺寸的结构形式。

(5) 就地取材。钢筋混凝土结构中所用的砂,石材料,一般可以就地、就近取材,因此可以降低结构的造价。

(6) 节约钢筋。钢筋混凝土结构合理地利用钢筋和混凝土各自的优良性能,在很大程度上可以用钢筋混凝土结构代替钢结构,从而达到节约钢材的目的。

钢筋混凝土结构和其他结构相比也有以下缺点:

(1) 自重大。和钢结构相比,不利于建造大跨度结构及超高层建筑。

(2) 抗裂性差。往往由于裂缝宽度的限制妨碍高强钢筋的应用。为增强钢筋混凝土的抗裂性能常采用预应力混凝土结构,达到不开裂或开裂很小的目的。

(3) 施工较复杂。与钢结构相比,建造周期一般较长,费工费模板,且施工受季节影响。

(4) 补强修复工作比较困难。

二、钢筋混凝土多层与高层房屋常用的结构体系

(一) 框架结构

框架结构是由梁和柱刚性连接而成的骨架结构(图4-1)。

框架结构的优点是强度高,整体性和抗震性好。它不靠墙承重,所以建筑平面布置灵活,可以获得较大的使用空间,能满足各类建筑不同的使用和生产工艺要求。主要用于民用房屋中的办公楼、旅馆、医院、学校、商店和住宅以及多层工业厂房和仓库等建筑。

框架体系用以承受竖向荷载是合理的,因为当层数不多时,风荷载影响较小,竖向荷载对结构设计起控制作用。但在框架层数较多时,水平荷载(如风荷载、水平地震作用等)

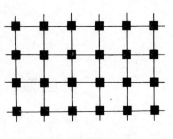

图 4-1 框架结构

将使柱截面尺寸过大,造成在技术经济上不合理,因此在抗震设防地区这种结构形式主要用于 10 层及以下的房屋。

(二)剪力墙结构

剪力墙结构是利用建筑物的纵横墙体作为承重结构的一种结构体系(如图 4-2)。

剪力墙除承受竖向压力外,还要承受由水平荷载引起的剪力和弯矩,它具有很大的水平刚度。一般多用于25~30 层的房屋。

剪力墙结构房屋,由于建筑平面受到墙体限制,平面布置很不灵活,所以,一般用于住宅、公寓或旅馆等建筑。

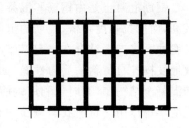

图 4-2 剪力墙结构

为了满足使用要求,也可将底层或下部两、三层的若干片剪力墙改为框架,则形成框支剪力墙结构体系,这种结构体系不宜用于抗震设防地区。

(三)框架-剪力墙结构

框架-剪力墙结构,即在框架结构内同时设置一些抗侧刚度很大的剪力墙(如图 4-3)。

这种结构体系的房屋,其竖向荷载通过楼板分别由框架和剪力墙共同承担,而水平荷载则主要由剪力墙承担,这样既可大大减小柱的截面尺寸,又可使房屋的侧移明显减少。剪力墙在一定程度上限制了建筑平面的灵活性,这种体系一般用于 15~25 层的办公楼、旅馆、住宅等房屋。

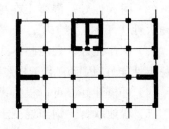

图 4-3 框架-剪力墙结构

(四)筒体结构

随着现代化城市建设的飞速发展,出现了一大批层数大于 30 层的超高建筑。显然,上述框架和框架—剪力墙结构已不能满足水平荷载下强度和刚度的要求,而剪力墙结构因平面受到墙体限制,又不能满足建筑上需要较大开间和空间的要求,所以由剪力墙和框架—剪力墙综合、演变和发展而形成了筒体结构体系。它将剪力墙集中到房屋的内部,并与外部形成空间封闭筒体,使整个结构体系既具有较大的刚度,又能因为剪力墙的集中而获得较大的空间,使建筑平面设计重新获得良好的灵活性,所以适用于建造多功能、多用途的 30 层以上超高层建筑,如办公楼等各种公共与商业建筑。

筒体结构体系根据房屋高度和水平荷载的性质、大小的不同,可以采取四种不同的形式:框架内单筒(图 4-4a)、框架外单筒(图 4-4b)、筒中筒(图 4-4c)和组合筒(图 4-5)。

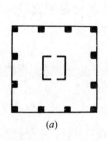 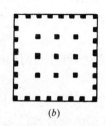 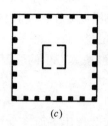 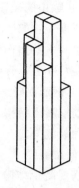

图 4-4 筒体结构　　　　　　　　　　图 4-5 成组筒结构

第二节　钢筋混凝土结构的损坏与查勘

一、钢筋混凝土结构常见缺陷、损坏及其原因

(一) 混凝土的常见缺陷

混凝土常见的缺陷主要有麻面、露筋、蜂窝、孔洞、掉角、缝隙夹层和炭化等。

麻面：混凝土表面局部缺浆粗糙，或有许多小凹坑，但无钢筋外露。

露筋：钢筋混凝土构件内的主筋或箍筋等，没有被混凝土包裹而外露。

蜂窝：混凝土局部酥松，砂浆少，石子多，石子之间出现空隙，形成蜂窝状的孔洞。

孔洞：混凝土结构内有空腔，局部没有混凝土，或蜂窝特别大。

裂缝：主要有温度裂缝、干缩裂缝和外力引起的裂缝。

缝隙夹层：施工缝处混凝土结合不好，有缝隙或夹有杂物，造成结构整体性不良。

造成混凝土产生上述缺陷的主要原因是施工、使用和维护不当。如施工时水质不良，水泥过期或强度等级不足，砂石含泥量大等均会造成混凝土疏松、强度不足；混凝土浇捣不实或漏捣，水灰比选择不合适，往往造成严重的空洞、蜂窝、露筋、密实性差等；模板清理不干净，拆模不当会造成混凝土表面出现麻面、破损等，又如使用不当或维护保养不好，使构件遭到碰撞、超载、及有害介质侵蚀，而导致混凝土出现掉角、露筋、酥松等缺陷。这些缺陷如不及时修补，任其发展将影响到结构的承载力和耐久性。

(二) 钢筋的锈蚀

钢筋的锈蚀会使其截面逐渐减小，并造成和混凝土之间的粘结力降低，影响构件的承载力。同时钢筋由于锈蚀而体积膨胀，还会使混凝土保护层胀裂甚至脱落，从而降低了结构的受力性能和耐久性。尤其是预应力混凝土梁和板内的高强度钢丝，断面小，应力高，一旦发生锈蚀，危险性更大，严重的会导致构件断裂。

钢筋产生锈蚀的原因是多方面的，在正常环境情况下，混凝土不密实和构件上产生的裂缝，往往是造成钢筋锈蚀的主要原因。尤其当水泥用量偏少，水灰比不当或振捣不良时，或者在混凝土浇筑中产生露筋、蜂窝、麻面等情况，都给水(汽)、氧和其他侵蚀介质的渗透创造了有利条件，从而加速了钢筋的锈蚀。

另外，钢筋混凝土结构长期暴露在使用环境中，大气中的 CO_2 不断向混凝土孔隙中渗透,并与孔隙中的碱性物质 Ca(OH)$_2$ 溶液发生中和反应,使混凝土孔隙内碱度(pH 值)降低而造成混凝土的碳化现象,它使钢筋表面的介质转变为弱酸性状态,钢筋表面在混凝土孔隙中的水和氧共同作用下发生化学反应,生成新的氧化物——铁锈,这种氧化物生成后体积增大(最大可达 5 倍),使其周围混凝土产生拉应力直至引起混凝土开裂和破坏。

（三）钢筋混凝土结构的裂缝

钢筋混凝土结构上的裂缝,按其产生的原因和性质,可分为荷载裂缝、温度裂缝、收缩裂缝和腐蚀裂缝等。

1. 荷载裂缝

钢筋混凝土结构在各种荷载作用下而产生的裂缝。这种裂缝多出现在构件的受拉区、受剪区或振动严重部位,依受力特性和受力大小而具有不同的形状和规律。

（1）受弯构件的裂缝。钢筋混凝土受弯构件(如典型的梁、板)裂缝一般有垂直裂缝和斜裂缝两种。垂直裂缝一般出现在梁、板结构弯矩最大的横截面上,例如简支梁裂缝在跨中由梁底开始向上发展,其数量、宽度与荷载大小有关。斜裂缝一般出现在剪力最大同时作用有弯矩的部位,常在靠近支座附近,裂缝由下部开始并沿大致 45°方向逐渐向跨中上方发展。对于钢筋混凝土受弯构件,在使用过程中受拉区出现一些微细裂缝,裂缝宽度只要不超过规范允许值,就是正常的,否则,钢筋将因混凝土裂缝过宽而受到腐蚀、生锈,降低结构构件的承载能力和耐久性,同时影响观瞻要求。

（2）轴心受压构件的裂缝。钢筋混凝土轴心受压构件(如柱),在使用荷载下不应出现受压裂缝,而一旦出现即预示混凝土受压柱进入破坏阶段,必须马上查明原因,及时进行加固处理。

2. 温度裂缝

温度裂缝大多由于大气温度的变化,周围环境高温的影响和大体积混凝土施工时产生的大量水化热而造成。由于气温和湿度出现较大幅度的变化,引起材料热胀冷缩,使得钢筋混凝土梁、板的某些部位出现温度裂缝。如钢筋混凝土梁、板结构,施工时养护不良,更易发生这类裂缝。温度裂缝多为表面裂缝,对建筑结构承载力一般不会带来大的影响。但对于厚度较薄的钢筋混凝土板来说,也可能会出现贯通裂缝,影响使用功能和受力,因此应区别情况,鉴别其危害性。

3. 收缩裂缝

混凝土在空气中结硬时体积减小的现象称为收缩。水泥水化作用过程引起混凝土体积的收缩称为凝缩,它占的比重最大,而且初期发展较快;后期主要是混凝土内自由水分蒸发而引起的干缩。

收缩裂缝有两种情况,一种是表面裂缝,它出现在混凝土表面,形成不规则的发丝裂缝,多发生在混凝土终凝前,而表面缺乏湿润的养护条件,如发现早,及时抹实加强养护,就可以避免。另一种裂缝是中间宽两头细,有时均匀分布在两根钢筋之间,并与钢筋平行,这种裂缝一般发生在终凝后,如果形成贯通的裂缝,则对结构的承载力和耐久性都会产生不利影响甚至危及结构安全。加强对浇筑后混凝土的养护是避免产生收缩裂缝的有效方法。

4. 其他原因引起的裂缝

除上述原因产生的裂缝外,还可能因材质问题,如混凝土配合比中砂粒过细、水泥安定性不合格以及施工不当,如过早拆除支撑模板,混凝土浇筑方法不当,钢筋位置错误等;地基不均匀沉降引起的沉降裂缝；振动荷载产生的裂缝等。

综上所述，裂缝出现的原因是多方面的，因此工程结构中的裂缝常常不是由单一原因引起的。虽然许多工程出现问题都跟裂缝有关，但不是所有的裂缝都危及结构的安全和正常使用。对影响结构安全和有碍正常使用的裂缝必须采取加固措施。而一般裂缝可视具体情况进行修补。

二、钢筋混凝土结构房屋的查勘、检测

（一）结构构件的外观和位移检查

已有建筑结构的外观特征能大致反映出它本身的使用状态。如构件由于多种原因承受不了过大荷载，在其混凝土表面出现裂缝或混凝土剥落；钢筋混凝土构件中的钢筋锈蚀，则沿钢筋方向的混凝土产生裂缝；柱子倾斜，会使它偏心受压以至失稳、崩塌等等。

1. 测量结构构件和外形尺寸

结构构件的尺寸，直接关系到构件的刚度和承载能力。正确度量构件尺寸，为结构验算提供资料。

用钢尺量测构件长度，且分别量测两端和中部的截面尺寸，确定构件的宽度和厚度。构件尺寸的允许偏差，如设计上无特殊要求时，应符合《钢筋混凝土结构工程施工及验收规范》的规定。

2. 量测结构构件表面蜂窝面积

蜂窝是指混凝土表面无水泥浆，露出石子深度大于5mm，但小于保护层厚度的缺陷。可用钢尺或百格网量取外露石子的面积。

3. 量测结构构件表面的孔洞和露筋缺陷

孔洞系指深度超过保护层厚度，但不超过构件截面尺寸1/3的缺陷。检查方法为凿去孔洞松动石子，用钢尺量取孔洞的面积及深度。

露筋是指钢筋没有被混凝土包裹而外露的缺陷。可用钢尺量取钢筋外露长度。梁、柱上每个检查件任何一根主筋露筋长度不应大于100mm，累计不大于200mm为合格。

4. 量测混凝土表面裂缝

要详细查清裂缝发生的部位、走向、长度和宽度，可采用钢尺量测裂缝长度，用刻度放大镜、塞尺或裂缝宽度比测表检测裂缝的宽度。按照《混凝土结构设计规范》（GB 50010）的规定，一般钢筋混凝土结构构件的最大裂缝宽度限值为0.3mm。

5. 量测结构构件的挠度和垂直度

主要承受弯矩和剪力的梁，除了检查裂缝等表面特征外，还应量度其弯曲变形。可用钢丝拉线和钢尺量测梁侧面弯曲最大处的变形。

柱子、屋架、托架和大型墙板的垂直度通常用线坠、钢尺或经纬仪量测构件中轴线的偏斜程度。

上述变形应符合《混凝土结构工程施工及验收规范》的规定。

（二）结构混凝土中钢筋锈蚀程度的检验

混凝土中钢筋锈蚀会减少钢筋的截面，降低钢筋和混凝土之间的粘结力，减弱整个构件的承载力。对旧建筑物而言，检验混凝土中钢筋锈蚀程度是鉴定工程质量的一项主要的检测项目。

检测混凝土中钢筋锈蚀程度的方法通常采用直接观察法和自然电位法两种。

直接观察法是在构件表面凿去已剥裂的混凝土保护层,继续剔凿至暴露出钢筋,直接观察锈蚀程度。锈蚀严重者应精确量取锈蚀层厚度和剩余有效截面。这种方法具有直接和直观的特点。

自然电位法是测量混凝土中钢筋的电位及其变化规律,来判断钢筋的锈蚀程度。这种方法可对整个构件中的钢筋进行全面量测,但有时会受某种因素干扰,出现一定的误差。最好把自然电位法与直接观察法相结合,用直接观察法验证自然电位法的检测结果,提高检测精度。

(三) 结构混凝土抗压强度检测

混凝土的抗压强度是其各种力学性能指标的综合反映,它的抗拉强度、轴心抗压强度、弹性模量和耐久性等都随其抗压强度的提高而增强。多年来,国内外科研人员对已有建筑物混凝土抗压强度测试方法进行了大量试验研究。方法虽多但各有优缺点和局限性。大致可分为:表面硬度法、微破损法、声学法、射线法、取芯法和综合法。

表面硬度法以测定混凝土表面的硬度推断混凝土内部的抗压强度。包括锤击印痕法、表面拉脱法、射入法和回弹法。采用表面硬度法检测混凝土的抗压强度,混凝土表面和内部的质量应一致,对于表面受冻害、火灾以及表面被腐蚀的混凝土,不宜采用这类方法检测。

微破损法只使构件表面稍有破损,但不影响构件的质量,以微小的破损推断构件混凝土的抗压强度。如在构件上用薄壁钻头钻成圆环,给小圆柱体芯样施加劈力,以圆柱劈裂力推断混凝土强度。还有如破损功法和拉拔法都属于微破损测强法。

声学法主要有共振法和超声脉冲法。量测构件固有的自振频率,以自振频率的高低推断混凝土的强度和质量称为共振法,以超声脉冲通过混凝土的速度快慢确定混凝土的抗压强度称为超声脉冲法。

目前国内外使用比较普遍、检测精度较高且有标准可供遵循的检测方法主要有回弹法、超声法、拉拔法、取芯法以及采用二种或以上方法检测的综合法。

第三节 钢筋混凝土结构的维修与加固

一、钢筋混凝土结构的维修

(一) 混凝土结构缺陷的修补

1. 表面抹水泥砂浆修补

对于数量不多,深度不大的小蜂窝、麻面、轻微露筋和缺棱掉角等混凝土表面缺陷,主要是保护钢筋和混凝土不受侵蚀和恢复外观。首先须用钢丝刷打磨表面,将露筋处铁锈清除干净,并用清水冲洗湿润混凝土表面,然后可使用 1:2～1:2.5 水泥砂浆修补,并注意洒水养护。

2. 细石混凝土填补修理

对于蜂窝孔洞或露筋较深时,通常要经过鉴定,制定补强方案,经批准后方可处理。

根据批准的补强方案,首先采取安全措施,如现浇钢筋混凝土柱的孔洞处理,在梁底用支撑支牢,然后将孔洞处不密实的混凝土和突出的石子颗粒凿掉,要剔成斜形,避免有死角,以便浇筑混凝土,将剔好的孔洞用清水冲洗,并充分湿润。为使新旧混凝土结合良好,填补前先涂水泥浆一道并立即填补细石混凝土。要求细石混凝土比原混凝土强度提高一级,且水灰比控制在 0.5 以内,为避免新旧混凝土间出现收缩裂缝,可掺入水泥用量万分之一的铝粉,采用小振捣棒分层仔细捣实。填补的细石混凝土表面要压光,新旧混凝土表面要一致、平整。

填补的细石混凝土认真养护 7 天后方可交工。

3. 环氧砂浆或环氧混凝土修补

根据缺陷部分的修补需要也可采用环氧树脂配合剂进行局部修补。其优点是强度高、硬化快、抗渗能力强,但价格较贵且工艺操作要求高,所以通常只在特别需要的情况下才使用。

4. 压力灌浆法修补(补强)

对于不易清理的较深、较大的蜂窝或裂缝,或由于清理敲打会加大蜂窝的尺寸,使结构遭到更大的削弱,可采用压浆补强法。首先要检查出混凝土蜂窝、孔洞及裂缝的范围,对较薄的构件,用小铁锤仔细敲击,听其声音;较厚的构件,可做灌水检查或采用压力水做实验;对大体积混凝土可采用钻孔检查,然后将易于脱落的混凝土清除,用水或压缩空气冲洗缝隙,或用钢丝刷仔细刷洗,务必把粉尘石屑清扫干净,并保持湿润。施工前先封闭裂缝,埋好压浆管,用 1:2 水泥砂浆固定并养护 3 天,每一灌浆处至少用两根管,一根压浆,一根排气(水),管径为 25mm。根据需要在水泥浆液中可掺入防水剂或掺入水泥重量 1%~3% 的水玻璃溶液作为促凝剂,用砂浆输送泵压浆,压力为 0.6~0.8MPa,最小为 0.4MPa。在第一次压浆初凝后,再用原埋入的管子进行第二次压浆。压浆完毕 2~3 天后割除管子,剩下的管孔以水泥砂浆填补。

5. 喷浆修补

喷浆修补是将水泥砂浆或混凝土经高压通过喷嘴喷射到修补部位。主要用于重要的混凝土结构物或大面积的混凝土表面缺陷和破损的修补,喷补法可以采用较小的水灰比,较多的水泥,从而获得较高的强度和密实度,喷射的砂浆层或混凝土层能与受喷面之间具有较高的粘结强度,耐久性好,且工艺简单、工效较高,但材料消耗较多,当喷浆层较薄或不均匀时,干缩率大,容易发生裂缝。

(二) 钢筋锈蚀的维修与预防

1. 钢筋锈蚀的维修

当钢筋锈蚀尚不严重,混凝土表面仅有细小裂缝,或个别破损较小时,可对混凝土裂缝或破损处进行封闭或修补;当钢筋锈蚀比较严重,混凝土裂缝开展较宽,保护层脱落较多时,应对结构做认真检查,必要时应先采取临时加固措施,再凿除混凝土疏松部分,彻底清除钢筋上的铁锈和油污,并将需要做修补的旧混凝土表面凿毛处理,然后用比原混凝土强度高一级的细石混凝土修补;当钢筋锈蚀很严重,混凝土破碎范围较大时,在对锈蚀钢筋除锈并对锈蚀严重的钢筋补强后,可采用压力喷浆的方法修补。

2. 钢筋锈蚀的预防

(1) 预防钢筋的锈蚀,要阻止腐蚀介质和水(汽)、氧等侵入混凝土内。因此,对修缮工程的拆、改部分要重视做好混凝土的浇筑工作,保证其良好的密实性,这是预防钢筋锈蚀的重要措施之一。在有严重的侵蚀性介质的环境中,应适当加大混凝土保护层厚度。对已有的钢筋混凝土结构房屋,如混凝土质量不良和环境侵蚀性介质比较严重时,可在构件外表面涂抹绝缘层如沥青漆、过氯乙烯漆、环氧树脂涂料等,进行防护。

(2) 对于室内有侵蚀性气体、粉尘等介质,或相对湿度较大时,则应采取加强通风的措施,如改变门窗布置,加设机械通风装置,以减弱对钢筋的腐蚀作用。

(3) 浇筑钢筋混凝土结构时,应严格按施工规范控制氯盐用量,对禁止使用氯盐的结构,如预应力、薄壁、露天混凝土结构等,则绝对不使用,防止钢筋锈蚀。

(4) 防止杂散电流的腐蚀。首先,应杜绝和尽量减少直流电流泄漏到钢筋混凝土结构中和地下土壤中去,如改善载流设备的绝缘;其次,要提高混凝土结构物和钢筋的绝缘性能,必要时,可对结构采取阴极保护措施,将被保护的钢筋通以直流电进行极化,以消除或减少钢筋表面腐蚀电池作用(这类电化学防护方法,多用于导电性较好的土壤中的构筑物)。

(5) 防止高强钢丝的应力腐蚀和脆性断裂。可在钢丝表面涂刷有机层(如环氧树脂等)和镀锌的措施,然后再浇筑混凝土。锌保护层较为可靠而不易损伤,并可用在保护薄壁结构的绑扎和焊接配筋网的高强粗钢筋上。

(三) 钢筋混凝土裂缝的修补

1. 表面抹水泥砂浆修补

先将裂缝附近的混凝土表面凿毛,用压缩空气或压力水吹去或冲净表面尘土和杂物,用水润湿,然后用 1:1～1:2 的水泥砂浆涂抹一道即可。

2. 环氧树脂配合剂修补

对各种大小的稳定裂缝或不规则龟裂,可分情况用环氧树脂的各种配合剂进行修补。用于混凝土修补的环氧树脂配合剂有:环氧胶粘剂、环氧胶泥、环氧砂浆、环氧浆液等。在涂刷环氧配合剂前,应先将修补部分的混凝土表面处理干净,去除油污,并在裂缝部位用丙酮或酒精擦洗,若用水清洗,一定要待混凝土表面干燥后,才能涂刷环氧配合剂。

对宽度 0.1mm 以下的发丝裂缝或不规则龟裂,可用环氧胶粘剂涂抹封闭,防止渗水或潮气侵入。对宽 0.1～0.2mm 的裂缝可用环氧胶泥(如环氧水泥)修补。对 0.2mm 以上的裂缝用环氧胶泥、环氧砂浆修补。

3. 化学压浆修补

将化学浆液以一定的压力灌入裂缝。常用的化学浆液有:环氧树脂浆液、甲凝浆液、丙烯酰胺浆液等。甲凝的可灌性能好,可灌入 0.05mm 宽的缝隙中,但具有怕水、怕氧的缺点。环氧树脂浆液可用于大于 0.1mm 宽的裂缝中。

在建筑结构构件裂缝的修补上,目前采用环氧树脂化学浆液较普遍。此外也可用水泥压浆法用于修补较大的裂缝(如大于 1.0mm 宽的裂缝)。

4. 表面喷浆修补

喷浆修补是在经过凿毛处理的裂缝表面,喷射一层密实且强度较高的水泥砂浆保护层来封闭裂缝的一种修补方法(具体如前所述)。

5. 表面粘贴修补

用胶粘剂把玻璃布或钢板等材料粘贴在裂缝部位的混凝土面上,达到封闭裂缝目的的一种修补方法。

二、钢筋混凝土结构的加固

对钢筋混凝土结构构件进行了前述的变形、裂缝等检测后,按《危险房屋鉴定标准》(CJ 13—86)鉴定结果成为危险构件时,应当对其进行加固,应由专业的鉴定设计部门进行加固设计,不可擅自进行。加固方法力求经济合理、简易可靠,使加固后的构件或结构恢复正常的承载能力和使用功能。

（一）钢筋混凝土梁的加固

由于混凝土缺陷或钢筋锈蚀而使梁抗弯、抗剪强度减弱或刚度不足，可以采用增焊钢筋、加大梁高或梁宽、包套的加固方法，恢复梁的承载能力。对抗弯强度减弱不大的梁，一般只需去掉保护层，在纵向主筋下面焊上一定数量的附加钢筋，重做保护层即可。对抗弯或抗剪强度减弱幅度较大的梁，则加大梁高或梁宽与梁高同时加大，并相应地增加附加钢筋。对缺陷严重，质量差的梁，可采取三面或四面包套新的钢筋混凝土层进行加固，此时大部分或全部荷载由新的包套层来承担。除了用上述方法加固外，也可采用型钢套或预应力等方法加固。

（二）钢筋混凝土板的加固

钢筋混凝土板的加固可采用增加板厚或增设支点，减小板跨的方法来加固。通过增加板厚，提高板的抗弯承载力和刚度；通过增设板跨支点，减少板跨，改变板的支撑方式，来减少板中的弯矩，提高板的承载力。具体有以下三种加固方式：

（1）在整体现浇板上做分离式补强，即在原钢筋混凝土板上，另做一层钢筋混凝土板，这两层板是分离的或认为它们之间没有结合在一起，即有两层板分别承担外荷载，这样用以减少旧板的荷载，所以，新做的这层板也称为"卸荷板"。

这种补强方式主要适用于旧钢筋混凝土板，由于生产或生活的长期使用，板面上经常有大量油污等污物，已经渗入到混凝土中，其表面已无法清洗干净，也就无法保证新浇的混凝土与旧板混凝土可靠结合，因而只能采用分离式补强。

（2）在整体现浇板上作整体式补强。原有的钢筋混凝土板面上比较干净，没有渗入油污等污渍，板面经过处理，再浇注一层新钢筋混凝土板，使新旧两层板合二为一，形成一个新的整体，其承载力大为提高。

这种补强方式适用于因使用要求，需要增加的使用荷载较大；由于各种原因，如超标准荷载使用，造成刚度不足，挠度或裂缝过大，但尚未达到破坏阶段者。

（3）在整体现浇板下作整体式补强。在整体现浇板的下面，凿去板下部受力钢筋的部分保护层，焊上连接短钢筋，再将按设计要求新添钢筋焊在短钢筋上，然后在板下剔毛喷水湿润透，喷射一层细石混凝土或水泥砂浆，使新旧钢筋混凝土结合成整体。

这种补强方式适用于板的下层受力钢筋保护层脱落，挠度与裂缝过大，钢筋腐蚀范围较大；根据使用要求，需要增加荷载；由于板面上有较高级的面层，不宜拆除或板上的使用活动不能停止的情况。

（三）钢筋混凝土柱的加固

柱的加固常采用设置围套层或型钢加固的方法。

（1）柱的围套加固。是在钢筋混凝土柱的三面或四面加设钢筋混凝土套层，套层内需设置纵向钢筋并固定，纵向钢筋的数量须经计算确定。

柱的四周加围套加固时，新旧钢筋结合要求严格，补强效果可靠，并可适用于原柱损坏严重的情况；如果加固套层只能在三面进行时，除保证新旧混凝土的良好结合外，还应将补加的箍筋焊接固定在原有的钢筋上。围套壁的新混凝土厚度不应小于50mm，围套内箍筋的间距不得超过纵向钢筋直径的10倍，柱的上下端围套与楼板或基础连接处的500mm范围内，箍筋应加密，其间距为纵向钢筋的5倍。柱子可沿全高加固，也可在受力过大或受到局部损坏的部位进行局部加固,其加固截面单侧或双侧增厚一般不小于100mm,局部加固时围套层两端要伸过破坏区段不少于500mm。

(2) 柱的型钢加固。钢筋混凝土柱的型钢加固是用型钢沿柱的四周套箍加固。这样可以提高构件的刚度和承载力,同时也可以防止裂缝的继续扩大。加固时采用等边或不等边角钢并用扁钢或小角钢作连接,焊成钢套箍紧密包围在钢筋混凝土柱外面,与钢筋混凝土柱共同工作。型钢加固的优点是加固施工快,构件截面增大不多,工作安全可靠,补强效果好。

本 章 小 结

本章介绍了钢筋混凝土结构的特点,钢筋混凝土结构多层与高层房屋常用的结构形式,这一内容作为一般性的基本知识了解;重点介绍了钢筋混凝土结构的损坏与查勘、钢筋混凝土结构维修与加固的一般方法,这部分内容作为本章的重点来理解。

复 习 题

1. 钢筋混凝土结构的优点是什么?
2. 钢筋混凝土多层与高层房屋常用的结构体系有哪几种?各自的特点及适用范围如何?
3. 钢筋锈蚀对钢筋混凝土结构有何影响?
4. 钢筋混凝土结构上的裂缝通常是由哪些原因造成的?其中哪种原因引起的裂缝更常见?
5. 钢筋混凝土结构构件的外观检查包括哪些内容?
6. 检测混凝土中钢筋锈蚀程度的方法通常有哪几种?各自特点如何?
7. 混凝土缺陷的修补方法有哪些?
8. 如何防止钢筋混凝土结构中的钢筋发生锈蚀?
9. 钢筋混凝土结构裂缝的修补方法有哪几种?
10. 钢筋混凝土梁、板承载力不足时如何加固?

第五章 钢、木结构的维修与养护

第一节 钢、木结构的一般知识

一、钢结构房屋的一般知识

（一）钢结构的特点

钢结构是一种受力性能较好的结构，它和其他材料的结构相比有三个特点：

1. 钢结构强度高，而且塑性和韧性都好。塑性好可在材料受力时产生较大的变形而不会损坏，特别是不会发生突然的脆性破坏。韧性好使结构耐冲击的能力强，特别适合抗动荷载，如地震力的作用。

2. 钢结构的重量轻，属预制装配施工方式，它易拆装，方便施工，连接方式可以是焊、铆及螺栓连接等多种。且特别有利于抗震。

3. 钢结构设计计算理论完善，与实际误差小；由于钢材的塑性性能好而使结构具有较大的安全储备。

（二）钢构件的受力特点

钢构件一般是指桁架、屋架、钢柱等。以它们的受力特点归纳为六类：

1. 轴心受拉构件：即在轴心拉力作用下的构件，如屋架的下弦杆、钢索等。
2. 轴心受压构件：即在轴心压力作用下的构件，如屋架的上弦、支柱等。
3. 受弯构件：即在竖向荷载作用下产生弯曲变形的构件，如屋盖梁、板，楼盖梁、板，平台梁、板，单层工业厂房中的吊车梁等。
4. 拉弯构件：是指同时承受轴心拉力和弯矩作用的组合受力构件。
5. 压弯构件：是指同时承受压力和弯矩作用的组合受力构件。
6. 支撑构件：如水平、垂直支撑、交叉支撑等，它们在正常情况下往往是不受力的构件。
7. 联系构件：如屋架之间的联系杆，桁架中的零杆等。

二、木结构房屋的一般知识

（一）木结构房屋的类型

1. 全木结构房屋，指全部承重结构构件如屋架、梁、柱、地板等均由木材制作。
2. 砖木结构房屋，指横向承重构件如屋架、地板等由木材制作，而竖向承重构件如墙、柱是由砖制作。

（二）木结构的基本受力形式

1. 竖向构件：主要是柱，它往往受轴心压力或压弯组合的作用。
2. 横向构件：主要是屋架、梁、木龙骨、楼板等，它们往往以受弯为主。

（三）木材受力的基本知识

1. 木材受力的特性

木材的强度有异向性,当受力方向与木材纹理方向相同(顺纹)时,其强度最大;当受力方向与纹理方向垂直(横纹)时,强度最小;当受力方向与木材纹理有一定夹角(斜纹)时,木材的强度随着夹角的增大降低。

2. 承重构件的选材

按照《木结构工程施工及验收规范》(GBJ 206—83)规定的木质标准,根据承重构件和连接的重要性,以及对木材缺陷限制的程度,分为三个等级:

一等材适用于制作屋架中的下弦和连接板及受拉或受弯的构件;

二等材适用于制作屋架上弦、大梁、檩条、椽条等受弯或压弯的构件;

三等材适用于制作轴心受压构件、支撑及连杆等一般构件。

第二节 钢、木结构的缺陷与检查

一、钢结构的缺陷与检查

(一) 钢结构的缺陷

(1) 钢材表面有砂眼、起鳞、刻痕、裂纹等;

(2) 钢构件中的连接件如铆钉、螺栓、焊条等的强度不足;

(3) 钢材的生锈和腐蚀;

(4) 钢结构经受了火灾或高温后承载力大幅下降。

(二) 钢结构房屋的检查

钢结构是由各种形式的构件通过连接,形成一个能承受一定荷载的受力整体,因此钢结构的检查应包括整体性检查、受力构件检查、连接部位检查、支撑系统的检查和钢材锈蚀的检查等。

1. 整体性检查

检查钢结构整体是否处于正常工作状态,具体是通过检查构件能否正常工作,连接部位是否牢靠,支撑系统能否保证结构的整体稳定,整体有无过大的倾斜或变形等方面来做出判断的。

2. 对受力构件的检查

主要针对钢构件是否存在变形、弯曲、涂层裂缝、压损、孔蚀等现象进行检查。

3. 连接部位的检查:

(1) 焊缝外观检查:将焊缝上的污垢除净,凭肉眼或放大镜观看焊缝的外观质量。如认为有必要可对焊缝进行专业钻孔检查,从中可得出焊缝质量的最终结果。

(2) 对螺栓、铆钉的检查

一般用目测结合扳手试扳进行,如发现螺帽松动,应予拧紧。铆钉检查中,发现有松动、掉头、剪断或漏铆的均需及时更换补铆,其直径按等强度换算而定。

4. 支撑的检查:

首先检查支撑的布置方式是否正确,然后检查支撑是否出现裂缝、孔蚀和松动情况及支撑是否锚固可靠等。

5. 对钢构件锈蚀的检查

(1) 先检查钢构件经常处于干湿交替的部位,如天然地面附近,露天结构的各种狭缝以及其他可能积水部位,遭受结露或水蒸气侵蚀的部位等。

(2) 再检查钢构件涂漆部位的情况:
1) 涂层表面失去光泽达 90%;
2) 涂层表面粗糙、风化、开裂达 25%;
3) 漆膜起泡,构件有轻微锈蚀达 40%;

以上这些情况均属生锈检查的重点。

二、木结构的缺陷与检查

(一) 木结构的缺陷

(1) 材料缺陷:如木材的干裂、木节、斜纹、髓心等,特别是这些缺陷在木构件中的位置、数量将极大的影响构件的承载力。

(2) 木构件节点槽齿部位应力较大,如遇超载极易损坏。

(3) 木构件易腐朽和虫蚀,这将削弱构件的有效截面,造成事故。应特别重视对木构件发生腐朽、虫蚀、斜纹受力的检查。

(二) 木结构房屋的检查

木结构房屋的检查分重点检查与定期检查。

1. 重点检查(经常性)

(1) 屋架端节点有无受潮腐朽或虫蚀,受剪面有无破坏征兆,螺栓、螺母是否紧固完整;

(2) 天沟和天窗有无漏水或排水不畅;

(3) 下弦节点处有无拉开,夹板的附近有无裂缝,接头有无过量的滑移;

(4) 键齿联结中的键块有无脱落或破裂;

(5) 屋架有无明显的下垂或出平面的倾斜;

(6) 铁拉杆有无锈蚀,螺栓有无松动,垫板有无变形及支撑系统是否松动;

(7) 木构件有无虫蛀、腐朽、翘曲、斜裂、变形等。

2. 定期检查

(1) 检查结构的变形和整体的稳定:

木结构的过大变形,是结构各种缺陷的综合反映。这种过大变形可从顶棚下垂,顶棚抹灰规律性的裂缝及屋架支座下,结构的倾斜等现象观察到。结构的变形正常情况是随时间的延长而加大,速度越来越慢。如果变形突然增大或变形发展突然加快,这是结构的异常现象,它表明结构已经局部损坏,并且是结构进一步破损的先兆,必须及时组织检查和处理。其中柱、屋架的整体稳定,主要检查支撑系统是否完善,节点与杆件有无失效。

(2) 检查受力构造的工作状况:

受力构造是承受并传递荷载的构件,它的破坏或局部退出工作,具体表现为折断、劈裂、压弯变形等。而经常性的表现是连接节点的破坏和局部变形,因为这些部位构件的断面往往受到构造措施的削弱,而内力传递又比较集中。

木结构的连接有齿连接、螺栓连接、钉连接、键连接等。连接节点最常见的缺陷是受剪面的裂缝,它使部分受力面退出工作。当受剪面承受超载严重时,会导致结构毁坏。

(3) 检查木材的腐朽和虫蛀:

木结构的使用寿命,往往取决于其腐朽的速度。调查表明,因腐朽造成的事故占木结构事故的 60%。

腐朽的速度与树种及制做时木材的含水率有关,但主要的影响因素是木构件所处的外界环境。如木屋架和檩条埋于砌体或保温层中的部分,在受潮后不容易干燥,木桩与潮湿土壤相接触或位于地下水附近的部分,长期接触水,最易腐朽,这些部位检查时应特别注意。处于隐蔽工程中的木结构,可局部拆除隐蔽构造,作暴露检查。

(4) 检查木材材质的其他缺陷:

对于木材裂缝的检查应注意区别干缩裂缝和受力裂缝。前者的位置与木材收缩规律相对应,后者一定是与受力变形相一致。干缩裂缝当处于不重要部位时影响不大,否则就必须加固或替换。

对于重要构件的木节、斜纹、髓心等要在检查时认真分析,对照相关规定严格掌握,必要时要立即采取加固措施以保证使用安全。

第三节 钢、木结构的修缮与加固

一、钢结构的修缮与加固

通过对钢结构的检查,如发现钢结构由于种种原因,出现强度或稳定性不足时,应采取措施进行加固。

(一) 加固钢结构的思路

(1) 减轻原结构的使用荷载是最简捷、有效的方法。如将原重荷载性质改为普通荷载或轻荷载。将仓库、书库改为办公用房,将综合用途改为单一轻载用途等。

(2) 改变原结构的静力计算图形,调整原有结构中的应力,改善被加固构件内的受力情况。

(3) 加大原结构的构件截面和连接强度。

(二) 具体的加固方法

钢结构的修缮及加固是一项专业性很强的工作,为此:

1. 做好加固前的准备

(1) 做好材料准备

1) 钢材:按设计要求准备所需各种型号、规格的钢材,并有出厂合格证和检验合格证。

2) 电焊条:按设计需要的型号、牌号、规格准备,并有出厂合格证和检验合格证,存放在干燥的室内。

3) 五金零件:高强质螺栓、铆钉、铸件等,按设计要求准备。

(2) 做好机具的准备

对可能用到的各类机具如剪板机、电焊机、手电钻等从数量和保障正常使用上做好准备。

(3) 做好作业条件的准备

1) 熟悉所修钢构件的形式、设计图纸、各部尺寸,节点所用材料,掌握修缮设计说明及应修部位的情况。

2) 平整场地,搭设工作平台和卡具台等,经检查达到了技术、安全要求。

3) 搭设的脚手架、安全网及支护设施经检查合格。

4) 钢材存放场地已平整,用垫板垫起,并有防雨措施,以防变形和锈蚀。

2. 针对加固思路 2 的加固方法

(1) 增加辅助支撑。将单跨梁变成多跨梁,这样可以大幅度降低梁的内力,或是将简支梁变成加劲梁,见图 5-1。

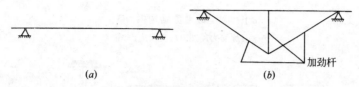

图 5-1 简支梁加固补强
(a)原结构;(b)加劲结构

以上做法适用于使用条件允许的情况。

(2) 加设辅助构件。简支梁如承载力不足或挠度过大,可在梁下加辅助构件如斜撑,见图 5-2。

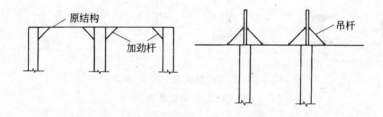

图 5-2 增加斜撑或吊杆

这实际上也改变了原结构的内力,使之能满足使用要求。

(3) 支撑点性质的改变。将支撑点(又称支座)的性质改变,如原为铰支改为固定支座;将原支撑距离减小(实际上是增加支座),例如桁架受压腹杆由于长细比的影响,稳定性不够时,可将压杆增设再分式腹杆,见图 5-3。

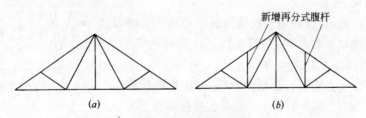

图 5-3 桁架加固补强
(a)原结构;(b)现结构

从而减小压杆的长细比达到满足稳定性要求的目的。

(4) 将原结构受集中荷载作用改为分散(减小)多个集中力作用,也可改变原结构内力情况,从而达到使用要求,见图 5-4。

3. 针对加固思路 3 的加固方法

此种方法最常用,因为它往往对原使用情况影响最小,具体如图 5-5。

(1) 用型钢加大截面,视情况可采用焊接、铆接或螺栓连接。

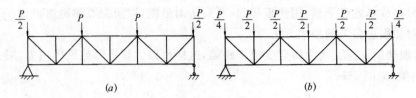

图 5-4 改变原结构内力
(a)原受力简图;(b)现受力简图

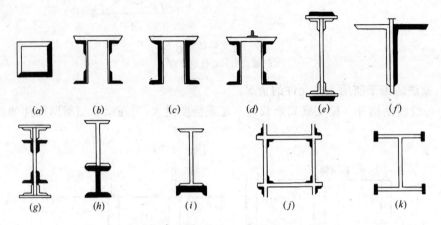

图 5-5 钢结构断面增大加固示意
(粗实线为后增加断面)

1)梁:图中涂黑部分为后增断面。
2)柱:图中涂黑部分为后增断面。

(2)用混凝土加固截面,适用于柱子的加固,特别是当钢柱本身由于锈蚀、孔洞、裂缝等原因,承载力不能满足使用要求时,可以通过构件的中空位置灌注混凝土,这样可以加强受压构件的截面,见图 5-6。

(3)用木材加固,它仅适用于钢结构因稳定性不足而发生危险的情况下的临时性加固,见图 5-7。

4.钢结构修缮施工管理要点

(1)若采用焊接方法进行修缮加固时,对施焊面积较大的构件要先行加固,以免因变形过大而产生某些部位受力过大,造成意外损坏。

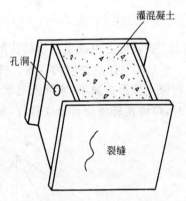

图 5-6 混凝土加强截面示意

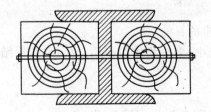 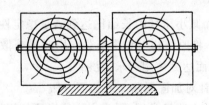

图 5-7 用木材加固示意

(2) 无论是原位修缮还是拆落修缮都要事先做好周密可靠的支护处理。

(3) 钢结构修缮施工要使用专业技术操作人员,并且做到持证上岗。

（三）钢结构加固注意事项

(1) 钢构件的各类加固必须在其不受力的情况下进行。所以必然要用到各种支顶,如支撑杆件或千斤顶设备。这些支顶的拆除一定要待加固构件强度达到要求后才允许。

(2) 钢构件的加固可用焊接、铆接或螺栓连接。具体采用哪种形式要视具体情况而定,但能采用"冷连接"的应尽量采用。"冷连接"方式即铆接或螺栓连接,因为焊接虽方便,但它易产生破坏性很大的温度应力,故在采用焊接方式时,一定要减少焊接长度并选派合格焊工来操作。

二、木结构的修缮与加固

木结构是由木桩、木梁、屋架、楼梯等组成。

（一）木柱的修理、加固

木柱直接承受上部结构传下的荷载,并将它传至基础,它是承上传下的关键构件。它由三部分组成,其中柱脚是紧接基础的部位,极易受潮腐朽,也极易被磕碰,最易损坏;柱身的腐朽较少,所处的工作环境也最好;柱头位于梁、柱连接榫槽处,易进水腐朽。具体的修缮加固方法如下:

1. 柱脚损坏

事先对施工中影响受力的结构部位采取妥善的支撑。然后锯去腐朽部分,用砌砖墩替换锯去的部分,也可用现浇混凝土代替锯掉的部分。待砖墩或钢筋混凝土强度达到时再撤去支撑。然后通过表面装饰手段恢复其木柱外形。

2. 整根木柱严重损坏的更换

此种修缮加固应采用"托梁换柱"法进行,施工前须将该柱承受的所有木梁（屋架）及上部荷载,按照从上到下的顺序对各层都进行妥善支撑后再换一根新柱。新柱与原木梁之间的榫槽已失效,故应在新柱与原各木梁接触部位做出台形帮衬（就是工业厂房中类似"牛腿"的构造）,使之成为原木梁的支座。

（二）木梁的维修加固

木梁包括木搁栅、木檩条、木桁架等,其受损、破坏需加固的方法基本有两种：

(1) 加托、绑接,见图 5-8。

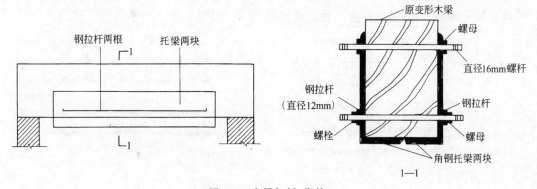

图 5-8 木梁加托、绑接

(2) 用预制钢拉杆,见图5-9。

这两种方法是此类构件加固最常用的方法。

(三) 木屋架的维修加固

木屋架的损坏情况一般有四种。

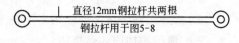

图5-9 预制钢拉杆

1. 上弦杆出现挠曲变形、腐朽开裂等情况

因上弦受压弯组合作用,又因其接触屋顶面层材料,受潮变腐概率高,它产生的变形可能有下挠和上凸甚至断裂。加固的方法可用圆木或方木支撑在节间填撑,两侧用钢板钉牢夹紧(适用于下挠变形)。也可用型钢(角钢)绑夹(适用于上凸或断裂),这样新添夹板也参加了原上弦杆内力的传递,从而达到了加固的目的,见图5-10。

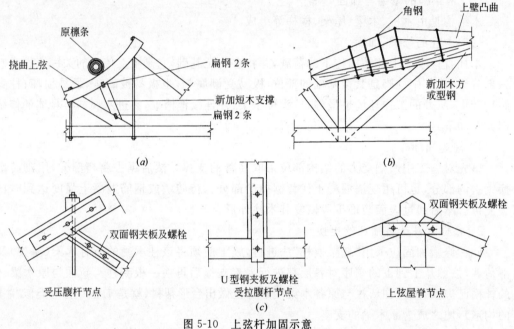

图5-10 上弦杆加固示意

(a)上弦挠曲短木加固示意;(b)上弦凸曲螺栓夹板加固矫正;(c)节点松动用钢夹板加固

2. 下弦杆件的加固

下弦杆受拉弯组合作用,当下弦杆有节疤时或斜裂纹存在时极容易被拉断、开裂。此时可采用钢夹板,角钢或钢拉杆等几种方式加固,见图5-11。

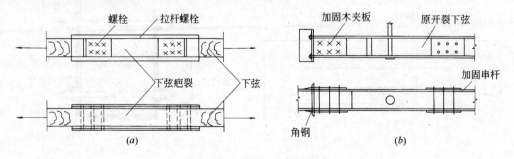

图5-11 下弦杆加固示意

(a)下弦断裂加固示意;(b)下弦受拉接头剪裂后的加固

3. 屋架端支座的加固

此部位损坏主要是齿槽抗剪面被剪坏或发生腐朽造成承载力不足。加固方法是将端部腐朽部分全部截去更换新材之后用木夹板或钢夹板穿螺栓连接加固,见图 5-12。对少量腐朽的端节点,刮除腐朽表面后涂刷氟化钠溶液(3%氟化钠或 2.5%氟化钠加 3%碳酸钠),然后用油漆加以保护。

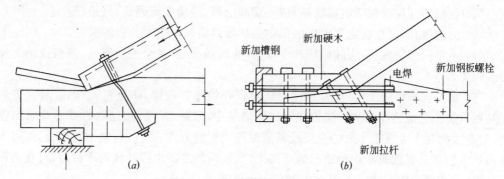

图 5-12　屋架端支座加固示意
(a)端节点受剪面被剪开;(b)端节点受剪面加固

4. 木屋架倾斜校正

屋架发生倾斜需尽快校正。通常采用的手段有牵、拉、推、顶几种,施工时要注意几点:

(1) 不能发生梁柱脱榫;

(2) 在推(或牵)拉校正时,要对屋架影响到的所有部位同时又是分别控制的,要稳妥可靠地逐步到位,万不能过快、过猛;

(3) 可使用卷扬机牵拉,每榀屋架可牵拉 1～3 个点,支座可用千斤顶推动或人力锤击敲动;

(4) 屋架就位后增设支撑保证稳定。

(四) 木楼梯,木走廊的维修加固

1. 木楼梯的维修加固

(1) 按查勘设计对楼梯应修部位进行仔细核查,特别是检查各部位的尺寸。

(2) 对梯柱、梯梁、梯帮、踏板、踢板、栏杆、扶手、装饰线条等局部损坏情况,应按查勘设计要求,用贴、挖、拼、补等方法照原样进行修补。大部磨损严重或整个构件损坏情况,应按原样进行设计,准确加工配制,现场精心更换。

(3) 在修换构配件时,应对楼梯其他部位的榫眼松动处,加胶背楔或配制钢、铁件加固。

2. 木走廊的维修加固

(1) 若是挑梁式木走廊,应按查勘设计检查核对挑梁的根部、端头和梁上部与龙骨、地板接触处糟朽损坏情况。若挑梁大部糟朽的应更换,局部糟朽时,应按查勘设计用木夹板、螺栓加固或大圆钉紧密连接,并与内墙或室内的梁(龙骨)连接,防止挑梁的倾覆。梁和龙骨修好后,再修补木地板。

(2) 有木立柱的走廊,应先仔细检查木柱。如木柱有损坏,先按木柱修缮加固方法修好木柱,再按修梁的方法修好梁,进而修龙骨、地板。

(3) 原木廊若为明廊,又称室外走廊(这种木廊形式在旧建筑中常见),若它与檐墙(外墙)或内龙骨缺少牢固连接时,在修缮中,应按查勘设计增添连接件,使走廊与檐墙或内龙骨连接紧密,从而增强木廊的整体性。

（五）木结构维修加固时的注意事项

木结构的维修加固既要考虑施工当前又要考虑修后长远两方面。修缮施工的当前重点之一是防火,而修好之后的长远重点是防腐,为此在修缮施工中应注意如下几方面：

(1) 在顶棚内作业的照明,必须采用低压安全灯,严禁非电工操作,乱拉普通灯。

(2) 与修缮部位接触的电器线路,应先切断电源,经检查无误后,再进行作业。

(3) 电动机具,应按规定要求安装漏电保护器以防漏电伤人及引发火灾。

(4) 木结构修缮现场,应随时清理干净,并在现场备足、备全灭火器具,严格按防火操作要求施工。

(5) 木结构修缮施工中,要特别注意防腐操作的施工顺序,防止覆盖、隐蔽后又重新拆开补做防腐工艺的情况发生。建议在木结构修缮中,修补、拆换、加固等方式尽量采用强度高、耐腐蚀性又大大高于木材的金属或钢筋混凝土材料为宜。这些材料如在明处,则可采用装饰的方法将其做成具有木质质感的效果来(如用钢筋混凝土圆柱代替木柱时,可在表面进行装饰,让其显示成木柱质感来)。

木结构修缮加固还需注意支顶加固方案,且必须经有关专业技术负责人批准。另外,对修缮最后一道工艺即刷漆、刷油施工,一定要注意施工时的天气情况,并做好防污染及有效养护的工作。

第四节　钢、木结构的养护与管理

一、钢结构的养护与管理

钢结构的养护管理要抓好四方面的工作。

（一）抓好钢结构的防锈养护管理

锈蚀是钢结构的要害,为此要定出严格的检查周期、检查部位及处理办法的制度。

(1) 检查周期：分总体和易损部位,总体检查周期不应高于三年,重点易损部位检查周期不应高于一年。

(2) 检查部位：指遭受腐蚀气体侵蚀和漆层容易剥落的部位。

(3) 处理办法：钢结构的表面主要靠油漆进行保护。在涂刷油漆前应仔细清除原有的锈蚀和漆膜。表面的清洁工作可用清洗、喷砂、钢丝刷或砂纸打磨等方法进行。一般情况,四年要对全结构油漆一次,对于受损处要随时发现随时重油。

（二）做好对焊缝的养护工作

焊缝应经常进行检查,焊缝发生开裂应查明原因,及时进行补焊。焊缝若有缺陷,应按下列方法处理。

(1) 间断焊和未满焊的陷槽,应予以焊满；

(2) 焊缝有裂纹、未焊透、夹渣和气孔,应除净重焊；

(3) 焊缝尺寸不足及咬肉过多时,应进行补焊。

（三）仔细检查铆钉和螺栓的牢固情况：

(1) 对被切断和松动的铆钉,应及时予以去除重铆。当铆钉切断较多时,应报送原设计单位校核原结构的铆接设计。此外由于去除重铆工作是在荷载存在的情况下进行的,所以必须注意到铲除过多的铆钉会使其他铆钉受超载的问题,故一般情况下若未经计算,不允许同时更换超过总数10%的铆钉数。

(2) 对处于振动荷载作用下的钢结构不允许采用焊接处理。

(3) 螺栓连接在正常工作状态时,螺帽不应松动,并应完全压紧垫板。对于一些承受较大振动荷载而位置又特别重要的螺栓,应定期用放大镜检查螺栓上是否存在裂缝。对于松动的螺栓应及时拧紧。

(四) 做好对杆件、连接板等部件的养护

钢结构的杆件、连接板、腹板、翼板等部件,均不应有弯曲和变形,因为弯曲和变形会产生附加应力。养护时,对于受力构件出现的弯曲、变形、裂缝、缺损等情况,应及时采用更换杆件、帮焊、补焊、补强及矫正的措施进行处理。对结构构件要进行经常的观测,发现有相对位移或变形时采取必要的安全措施。

二、木结构的养护与管理

木结构的养护要做到预防为主,修缮与预防相结合,保证木结构在受力正常的条件下工作,并努力防止和减缓结构的损坏和缺陷的扩大。在养护中重点抓好三个方面:

(1) 在木结构中常有两类钢构件,一是螺栓,二是钢拉杆。对这两类构件重点是检查它们有无松动,如发现松动要及时拧紧。

(2) 要特别做好木结构的防潮、防腐工作。为此首先应及时修补漏水的屋面,疏通堵塞的天沟等,防止水渗入木结构中;对于露天的木结构应注意设法消除各部位积水的可能性,使雨水及时排出;对受水汽影响的木结构,应注意采取隔汽措施;对潮湿不通风的木结构封闭层应增设通风口,以利于通风干燥。

(3) 还要防止蚁害,应注意经常检查并使用化学药剂进行处理,对于单独构件发生的虫蛀,要及时拆换(新换木构件要先进行药剂处理)以防虫蛀蔓延,对于不便拆换的木构件,可通过药物浸透处理,或用孔眼滴注药剂并封闭的办法消除虫害。

本 章 小 结

钢、木结构的自身特点是本章的第一要点;由于设计、施工、自身使用和环境因素的失误和影响,产生了各种结构构件的损坏现象,是本章的第二要点;了解熟悉钢、木结构维修、加固的方法及各种方法的适用情况是本章的第三要点;学会如何对钢、木结构进行好养护管理是学习本章的最重要的目的。学员应紧紧抓住这四个要点掌握好相关的知识。

复 习 题

1. 钢结构自身的缺陷有哪些?
2. 木结构自身的缺陷有哪些?
3. 钢结构损坏的现象有哪些?
4. 木结构损坏的现象有哪些?
5. 钢结构修缮加固的方法及适用情况?
6. 木结构修缮加固的方法及适用情况?
7. 钢结构应怎样做好养护工作?
8. 木结构应怎样做好养护工作?

第六章 屋面防水维修与养护

第一节 屋面防水的一般知识

一、常用屋面防水材料

（一）防水卷材

1. 沥青防水卷材

沥青防水卷材是目前使用量最大的防水卷材。我国生产的沥青防水卷材包括以纸胎油毡和玻纤胎油毡为主的氧化沥青防水卷材、以 SBS 改性沥青防水卷材和 APP 改性沥青防水卷材为典型代表的高聚物改性沥青防水卷材。

（1）石油沥青纸胎油毡

石油沥青纸胎油毡系采用低软化点石油沥青浸渍原纸，然后用高软化点的石油沥青涂盖油纸的两面，再撒以隔离材料（如滑石粉或云母粉）所制成的一种纸胎防水卷材。

油毡的幅宽有 915mm 和 1000mm 两种规格；长度一般为 20m/卷；标号按胎体单位面积重量分为 200 号、350 号和 500 号三种；按性能质量分为优等品、一等品与合格品三个等级。其中 350 号油毡合格品是我国纸胎油毡中最主要的一个品种。

（2）玻纤胎沥青防水卷材

玻纤胎沥青防水卷材是以玻璃布为胎体材料和以玻纤毡为胎体材料生产防水卷材的总称。目前大部分发达国家已淘汰了纸胎，而以玻璃布胎体和玻纤毡胎体为主。

玻璃布油毡的幅宽及长度规格与纸胎油毡完全一样，产品按物理性能分为一等品和合格品两个等级。其性能较纸胎油毡有了较大的改善，由于玻璃布油毡比纸胎油毡要柔软得多，易于在节点构造部位铺设，所以在采用纸胎油毡的防水工程或维修工程中，多采用玻璃布油毡做增强层或突出部位的防水层。当然玻璃布油毡也可单独用作防水层。

玻纤毡油毡的幅宽规格为 1000mm，由于厚度增大，长度规格为 10m/卷，质量按物理性能分为优等品、一等品、合格品三个等级。玻纤毡油毡与玻璃布油毡的特性差不多，只是玻纤毡的纵横向抗拉力比玻璃布油毡要均匀得多，用于屋面或地下防水的一些部位具有更大的适应性。

（3）SBS 改性沥青防水卷材

SBS 改性沥青防水卷材属高聚物改性沥青防水卷材类，是指以玻纤毡，聚酯毡等高强材料为胎体，浸渍并涂布用 SBS 改性的沥青材料，并在两面撒以细砂或覆盖可熔性聚乙烯膜的防水卷材。

SBS 改性沥青防水卷材的幅面规格为 1000mm，长度规格为 10m/卷；以玻纤毡为胎体材料的防水卷材按 $10m^2$/卷的重量分为 25 号（$25kg/10m^2$，以下同）、35 号和 45 号三个标号；以聚酯毡为胎体的防水卷材则按 $10m^2$/卷的重量分为 25 号、35 号、45 号和 55 号四个标号;质量按其物理性能分为优等品、一等品、合格品三个等级。

SBS改性沥青防水卷材的最大特点是耐低温性好,耐热度也比纸胎油毡有所提高,弹性和延伸率较好,横纵向强度的均匀性好,可热熔施工等,不仅可以在高热、低寒气候条件下使用,并可在一定程度上避免由于基层伸缩开裂对防水层造成的危害,使防水层的质量得到改善。可用于重要的民用与工业建筑的屋面防水及地下室防水。

(4) APP改性沥青防水卷材

APP改性沥青防水卷材是将热塑性(APP改性沥青后)的塑性体沥青,浸渍并涂布在玻纤毡或聚酯毡胎体的两面,并撒以细砂或覆盖聚乙烯膜而成的一种改性沥青防水卷材。

APP改性沥青防水卷材的幅宽规格为1000mm、长度规格为10m/卷;以玻纤毡为胎体材料的卷材按$10m^2$/卷的标称重量分为25号,35号和45号三个标号;以聚酯毡为胎体材料的卷材分为35号、45号和55号三个标号;其质量等级分为优等品、一等品和合格品三级。

APP改性沥青防水卷材最突出的特点是耐热度高,因此特别适用于高温或有强烈太阳辐射地区建筑的防水。

2. 合成高分子防水卷材

合成高分子卷材为塑料及橡胶类高级防水卷材,无胎体亦称片材,该类防水卷材的特性是耐高、低温性能好,尤其耐低温性方面,且耐腐蚀性、抗老化性好,从而可延长卷材的使用寿命。主要品种有三元乙丙橡胶、氯丁橡胶、丁基橡胶、氯磺化聚乙烯、聚异丁烯、聚氯乙烯、聚乙烯等,其中最有代表性的是三元乙丙橡胶防水卷材和聚氯乙烯塑料防水卷材。

(1) 三元乙丙橡胶防水卷材

三元乙丙橡胶防水卷材是以三元乙丙橡胶为主要原料,掺入适量丁基橡胶、硫化剂、促进剂、软化剂、增强剂和填充料等,经挤出或压延工艺而成的高弹性防水卷材。

三元乙丙橡胶防水卷材的厚度规格为1.0mm、1.2mm、1.5mm、2.0mm;宽度规格为1000mm和1200mm;长度规格为20m/卷;质量等级分为一等品与合格品。

三元乙丙橡胶防水卷材主要用于高档工业与民用建筑的屋面单层外露防水及有保护层的防水,可以单层冷施工,改变了传统沥青油毡多层热施工方法。此种卷材质量可靠但价格较贵。与三元乙丙橡胶防水卷材配套使用的材料有基层处理剂、胶粘剂、着色剂、密封胶等。

(2) 聚氯乙烯(PVC)防水卷材

聚氯乙烯防水卷材是以聚氯乙烯树脂为主要原料,以红泥或经处理的黏土类矿物为填充剂,掺入适量增塑剂、改性剂、抗氧化剂和紫外线吸收剂等,以捏和、混炼、造粒,用挤出压片法或压延法制成的防水卷材。

聚氯乙烯防水卷材依其基料组成,将性能较为一般的防水卷材定为S型,它是以煤焦油与PVC树脂混溶料为基料生产出的一种卷材,其中掺有较多废旧塑料;而将与国外同类产品性能接近的聚氯乙烯防水卷材定为P型,它是以增塑PVC树脂为基料生产出的一种卷材。S型产品只能用于一般防水工程,在选用材料时应注意二者的性能差异。

聚氯乙烯防水卷材的厚度规格S型为1.8、2.0、2.5mm,P型为1.2、1.5、2.0mm;宽度规格为 1000、1200、1500mm；长度规格为 10、15、20m/卷；质量等级 S 型分为一等品和合格品二级，P 型分为优等品、一等品、合格品三级。

聚氯乙烯防水卷材适用于做大型屋面板及空心楼板的防水层，翻修工程的屋面防水等。具有较高的抗拉强度和断裂伸长率，较好的耐低温性和热熔性。聚氯乙烯防水卷材的配套材料主要为胶粘剂。

（二）防水涂料

防水涂料是在常温下为液态，涂于基层表面能形成坚韧防水膜的材料。目前我国新型的防水涂料主要分为橡胶沥青类、合成橡胶类及合成树脂类等三大类。

1. 橡胶沥青类防水涂料

橡胶沥青类防水涂料是以沥青和橡胶为主要成膜材料，其中橡胶是用来对沥青改性的。常用的橡胶有氯丁橡胶、SBS 橡胶及再生橡胶等。由于有橡胶对沥青改性，所以此类涂料的弹性、抗裂性、耐低温性、耐候性等均得到了改善。涂料品种有溶剂型和水乳型，由于溶剂型多用汽油、丁苯等有机物为溶剂，在使用、贮存和运输过程中易燃、易爆且污染环境，因此近年来多用水乳型橡胶沥青涂料。

（1）水乳型氯丁橡胶沥青防水涂料

水乳型氯丁橡胶沥青防水涂料又名氯丁胶乳沥青防水涂料，兼具橡胶及沥青的优点，其成膜性能好，有足够的强度、低温柔性、能很好地适应基层变形，且耐腐蚀、耐老化，是一种低毒、安全较为优质的中档防水涂料。适用于工业与民用建筑的屋面防水、旧屋面翻修、厨房及卫生间室内地面防水、以及地下工程和有耐腐蚀要求的室内地坪防水。

该涂料的配套材料有玻璃纤维布及细砂、云母粉等表面保护材料。

（2）水乳型 SBS 改性沥青防水涂料

水乳型 SBS 改性沥青防水涂料成膜后其延伸性、弹性及低温性均好、强度高，且无毒、无味、不燃、无污染，运输贮存安全，不易变质，一次涂膜厚度可达 2mm，快干、不起鼓，可在潮湿基层上施工。适用于各种屋面防水。它能与 SBS 改性沥青防水卷材及 APP 改性沥青防水卷材很好地结合，做此类卷材的底涂料。也可用于地下室、卫生间、贮水池等工程的防渗、防水。

2. 聚氨酯防水涂料（属合成橡胶类）

聚氨酯防水涂料是以甲组分（聚氨酯预聚体）与乙组分（固化剂）按一定比例混合而成的双组分防水涂料，我国分为无焦油与焦油聚氨酯防水涂料两类。

无焦油聚氨酯防水涂料大多为彩色，具有橡胶状弹性，延伸性好，抗拉和抗撕裂强度高，耐油、耐磨、耐海水侵蚀，使用温度范围宽，涂膜反应速度易于调整，是较为理想的防水涂料，但价格较高。

焦油聚氨酯防水涂料为黑色，有较大臭味，耐久性不如无焦油聚氨酯防水涂料，性能有时也会出现波动，且焦油对人体有害，注意不能用于冷库内壁及饮水工程防水。尽管如此，由于性能优于改性沥青防水涂料，价格相对较低，因此这种涂料在我国得到了很快发展。

聚氨酯防水涂料适合于各种屋面及地下建筑、浴室、卫生间、水池等工程的防水。做屋面防水涂层时需加保护层。

（三）防水混凝土和防水砂浆

防水混凝土和防水砂浆是通过掺入少量外加剂或高分子聚合物材料,并通过调整水泥、砂、石以及水的配合比,减少混凝土孔隙率,改善微孔结构,增加密实性;或通过补偿收缩,提高混凝土抗裂能力的方法来达到防水、防渗的目的。除用于刚性防水屋面外,更多地用于地下工程的防水与防渗。

1. 普通防水混凝土

普通混凝土的防水与防渗主要是依靠提高混凝土自身的密实性和降低孔隙率来达到,为实现这一目标,配制防水混凝土应掌握下列几项原则,降低水灰比(最大水灰比不应超过0.60);控制坍落度(不大于5cm);水泥用量和砂率要适当;控制石子最大粒径;加强混凝土的早期养护等。

2. 外加剂防水混凝土

外加剂防水混凝土是依靠掺入有机或无机外加剂,以改善混凝土的和易性,并最终达到提高混凝土密实度和降低孔隙率的目的。按所掺外加剂的不同分为下面几种。

引气剂防水混凝土,引气剂是一种具有憎水作用的表面活性物质,经搅拌可在混凝土中产生大量闭孔结构的微小气泡,并通过气泡的阻隔作用将毛细管堵塞或使之变细,达到提高混凝土密实性的目的。目前常用的引气剂有松香酸钠和松香热聚物,以及烷基磺酸钠等。

减水剂防水混凝土,减水剂是通过提高混凝土的和易性达到减少拌合用水的目的,并同时伴有引气、缓凝及早强作用,使混凝土的孔隙结构和密实性得到明显改善。常用的减水剂有木质素类、多环芳香族磺酸盐类和糖蜜类等。

3. 膨胀性防水混凝土

以膨胀剂加水泥或以膨胀水泥胶结料配制而成的防水混凝土称为膨胀性防水混凝土。其特点是通过解决混凝土的收缩开裂问题达到防水、防渗目的。

膨胀剂常用的品种有:U型膨胀剂、复合膨胀剂、铝酸钙膨胀剂、明矾石膨胀剂等。

膨胀水泥目前有:明矾石膨胀水泥、石膏矾土膨胀水泥和低热微膨胀水泥等。

膨胀性防水混凝土的特点是通过膨胀时产生的压力抵消混凝土干缩时产生的拉力,从而避免混凝土开裂,改善混凝土的密实性,降低孔隙率,具有能愈合微小裂缝的作用。

4. 防水砂浆

防水砂浆也称防水抹面,是20世纪70年代前我国广泛采用的一种防水防渗方法,随着我国新型防水材料和施工工艺的发展,普通防水砂浆在屋面尤其是地下工程防水中的应用已经越来越少。

二、屋面工程防水等级和设防要求

(一)防水等级的划分

我国国家标准《屋面工程技术规范》规定:"屋面工程应根据建筑物的性质、重要程度、使用功能要求以及防水层耐用年限等,将屋面防水分为4个等级,按不同等级进行设防",这一规定指出了重要的、高级的建筑,使用较低档次的防水材料就难以保证防水工程质量和满足使用功能要求;而一般的建筑,若选用较高档次的防水材料,又会较多地提高房屋的造价。因此,应按建筑物的不同类型和重要程度,划分屋面防水等级,规定不同的防水层耐用年限和设防要求,选择适宜的防水层材料。表6-1给出了屋面防水等级的划分和防水层耐用年限。

屋面防水等级 表 6-1

项目	屋面防水等级			
	Ⅰ	Ⅱ	Ⅲ	Ⅳ
建筑物类别	特别重要的民用建筑和对防水有特殊要求的工业建筑	重要的工业与民用建筑、高层建筑	一般的工业与民用建筑	非永久性建筑
防水层耐用年限	25 年	15 年	10 年	5 年

表 6-1 中的建筑物类别：

Ⅰ类为特别重要的建筑，如国家及纪念性建筑、博物馆、档案馆、图书馆、展览馆，以及有特殊要求的工业建筑，如核电站等；

Ⅱ类为重要的建筑，如重要的博物馆、档案馆、图书馆、车站、候机楼、医院、宾馆、影剧院，以及重要的办公楼和库房等；

Ⅲ类为一般的工业与民用建筑，如住宅、办公楼、教学楼、商店、厂房、仓库等；

Ⅳ类为非永久性的建筑，指在 5 年左右即需拆除的建筑。

（二）防水层材料选用及设防要求

1. 防水层材料选用

Ⅰ级防水宜选用合成高分子防水卷材、高聚物改性沥青防水卷材、合成高分子防水涂料、细石防水混凝土等材料；

Ⅱ级防水宜选用高聚物改性沥青防水卷材、合成高分子防水卷材、合成高分子防水涂料、高聚物改性沥青防水涂料、细石防水混凝土、平瓦等材料；

Ⅲ级防水应选用三毡四油沥青防水卷材、高聚物改性沥青防水卷材、合成高分子防水卷材、高聚物改性沥青防水涂料、合成高分子防水涂料、沥青基防水涂料、刚性防水层、平瓦、油毡瓦等材料；

Ⅳ级防水可选用二毡三油沥青防水卷材、高聚物改性沥青防水涂料、沥青基防水涂料、波形瓦等材料。

防水层材料选择除考虑屋面防水等级外，还应根据气候环境、施工季节、结构类型、防水部位和材料价格等因素确定。

2. 防水设防要求

Ⅰ级防水采用三道或三道以上防水设防，其中应有一道合成高分子防水卷材，且只能有一道厚度不小于 2mm 的合成高分子防水涂膜；

Ⅱ级防水采用二道防水设防，其中应有一道卷材，也可采用压型钢板进行一道设防；

Ⅲ级防水采用一道防水设防，或两种防水材料复合使用；

Ⅳ级防水采用一道防水设防。

一种防水材料能够独立成为防水层的称之为一道，如采用多层沥青防水卷材的防水层（三毡四油或二毡三油）称为一道。采用多道防水设防时，应满足相应的设计要求和规定。

第二节　柔性防水屋面的维修与养护

一、油毡防水屋面的维修

（一）油毡防水屋面存在问题及原因分析

1. 开裂

屋面油毡开裂,从现象上可分为有规则开裂和无规则开裂两种。有规则开裂最为严重,裂缝位置基本都在屋面板端部,这是因为,屋面板在温差作用下,构件的热胀冷缩和板在荷载作用下,后期挠度所引起的变形;地基不均匀沉降引起上部构件的变形等。在这些变形的综合作用下,板的位移变形集中作用在板的端部,其变形值一旦超过油毡的极限延伸值时,油毡就会被拉断而开裂。而无规则开裂没有固定位置,形状也无规律,一般是由于下部找平层开裂引起,或由于保护层脱落、失效,未能及时维护,防水层暴露日久,造成油毡出现开裂。

预防油毡防水层开裂的方法,一种是采用延伸率较大的新型防水卷材,另一种是在卷材的铺法上采用构造措施,以适应屋面板的位移所引起的开裂,如"干铺毡条法"、"埋设毡卷法"等。

2. 鼓泡

起鼓是卷材屋面常见的弊病,严重者大小鼓泡布满整个屋面,表面高低起伏,凹凸不平,老化后破裂,对屋面防水质量和寿命是严重的后患。其原因是室内的水汽透过屋面结构渗入油毡防水层内,或在施工过程中保温层和找平层未充分干燥,屋面受太阳辐射,水汽蒸发受热膨胀,将油毡粘结薄弱处胀开形成气泡,甚至开裂,此种现象多在夏季发生。因此,油毡防水屋面的基层必须干燥或采用排气空铺油毡屋面(如第一层油毡采用点状或条状粘贴)。

3. 流淌

由于沥青胶受烈日曝晒而软化,致使油毡防水层沿屋面坡度向下滑移而失去应有的防水作用。流淌一般多发生在施工后最初一年的夏季,流淌后油毡出现折皱或在天沟处堆积成团,或因无天沟而从檐口垂挂下来,大大降低油毡使用寿命。预防流淌要从选材和施工操作入手,严格检查沥青胶的耐热度、标号,做好找平层,提高防水层与基层间的粘结力。

4. 老化

老化即油毡中油分大量挥发,使其强度下降、质地变脆而折断,降低油毡层的耐久性,造成防水层油毡丧失防水能力。预防措施为,严格选用沥青胶结材的标号,严格控制其熬制温度、时间和使用温度,禁止使用熬焦碳化了的沥青胶,保证绿豆砂保护层的施工质量,做好日常维护工作。

上述四种弊病在同一屋面上可能单独发生也可能同时发生,导致对屋面防水能力造成很大的危害。

(二)油毡防水屋面的维护方法

1. 裂缝修补

油毡防水层因老化出现裂缝应拆除重做,不宜修补的,应在原防水层上加补防水层。对于基层未开裂的无规则裂缝,一般在开裂处补贴卷材即可。有规则横向裂缝的修补,先将裂缝两侧砂砾各清除200mm的宽度,再将裂缝处杂质剔除,飞边剪除,清理干净。修补方法有:

(1)盖缝条补缝。在裂缝处先嵌入防水油膏或浇灌热沥青,卷材盖缝条用沥青胶粘贴,周边压实刮平(图6-1)。用盖缝条补缝能适应屋面基层伸缩变形,避免防水层被拉裂,但盖缝条易被踩坏。

(2)用干铺卷材做延伸层。在裂缝处干铺一层250~400mm宽的卷材作延伸层(图6-2),两侧20mm处用沥青胶粘贴。

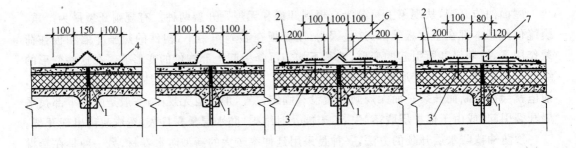

图 6-1 用盖缝条补缝

1—嵌油膏或灌热沥青;2—卷材盖边;3—钉子;4—三角形卷材盖缝条上做一油一砂;
5—圆弧形盖缝条上做一油一砂;6—三角形镀锌薄钢板盖缝条;7—企口形镀锌薄钢板盖缝条

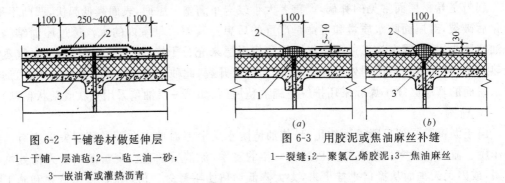

图 6-2 干铺卷材做延伸层

1—干铺一层油毡;2—一毡二油一砂;
3—嵌油膏或灌热沥青

图 6-3 用胶泥或焦油麻丝补缝

1—裂缝;2—聚氯乙烯胶泥;3—焦油麻丝

(3) 用防水油膏补缝。补缝用的油膏,目前采用的有沥青嵌缝油膏、聚氯乙烯胶泥、焦油麻丝等。用聚氯乙烯胶泥时(图 6-3a),应先切除裂缝两边宽各 50mm 的卷材和找平层,保证深为 30mm,然后清理基层,热灌胶泥至高出屋面 5mm 以上。用焦油麻丝嵌缝时(图 6-3b),先清理裂缝两边宽各 50mm 的绿豆砂保护层,再灌上油膏即可。油膏配合比(重量比)为焦油:麻丝:滑石粉=100:15:60。

2. 流淌修补

严重流淌的卷材防水层可考虑拆除重铺;轻微流淌如不发生渗漏,一般可不予治理;中等流淌可采用下列方法修补。

(1) 切割法。对于天沟卷材耸肩脱空等部位(图 6-4a、b),可先清除绿豆砂保护层,切开将脱空的卷材,刮除卷材底下积存的旧沥青胶,待内部冷凝水晒干或烘干后,将下部已脱开的卷材用沥青胶粘贴好,加铺一层卷材,再将上部卷材贴盖上(图 6-4c、d)。

(2) 局部切除重铺。对于天沟处皱褶成团的卷材(图 6-5a),先予以切除,仅保存原有卷材较为平整的部分,使之沿天沟纵向成直线(如卷材不易剥除,可用喷灯烘烤,沥青胶软化后,将卷材剥离),然后按(图 6-5b)所示修补。

(3) 钉钉子法。当施工后不久,发现卷材有下滑趋势时,为阻止其继续下滑,可在卷材的上部离屋脊 300~500mm 范围内钉三排 50mm 长圆钉,钉子呈梅花状布置,钉眼上灌沥青胶,以防渗水及圆钉锈蚀(图 6-6)。

3. 卷材起鼓修补

(1) 直径 100mm 以下的鼓泡可采用抽气灌油法修补,先在鼓泡的两端用钢錾子錾眼,

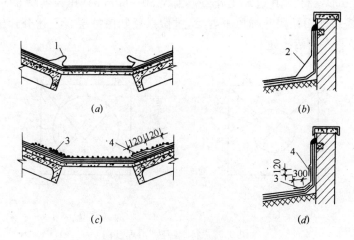

图 6-4 切割法治理流淌
(a)、(c)天沟卷材流淌耸肩治理前后情况；(b)、(d)转角卷材流淌脱空治理前后情况
1—流淌卷材脱空耸肩在此切割；2—表层卷材脱空在此切割；3—新加铺卷材；4—切割后重铺原有卷材

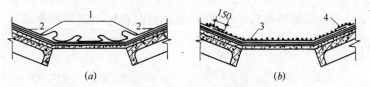

图 6-5 局部切除重铺法治理流淌
(a)修理前；(b)修理后
1—此处局部切开；2—虚线所示揭开150；3—新铺天沟卷材；4—盖上原有卷材

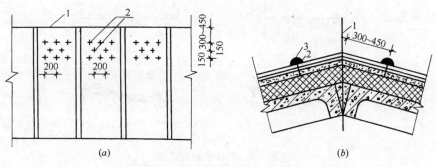

图 6-6 钉钉子法制止卷材流淌
(a)平面；(b)大样
1—屋脊线；2—圆钉；3—玛蹄脂

然后在孔眼中各插入一支兽用针管，其中一支抽出鼓泡内部的气体，另一支灌入纯10号建筑石油沥青稀液，边抽边灌，灌满后拔出针管，用力将卷材压平贴牢，用热沥青封闭针眼并压几块砖，几天后再将砖块移去即可。

(2) 直径 100～300mm 的鼓泡可用对角十字开刀法修补，先按（图6-7a）铲除鼓泡处的绿豆砂保护层，用刀将鼓泡按对角十字形割开，放出鼓泡内气体，擦干水分，清除旧沥青胶，再用喷灯把卷材内部吹干或晒干，随后按（图6-7b）编号 1～3 的顺序把旧卷材分片重新粘贴好,再新贴一块方形卷材4(其边长比开刀范围大50~60mm),压入卷材5下,最后粘贴覆盖好卷材5,四边搭接处用铁熨斗加压平整后,重做绿豆砂保护层。上述分片铺贴顺序是按屋面流水方向先下再左右后上进行。

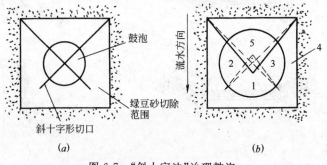

图 6-7 "斜十字法"治理鼓泡

(3) 直径更大的鼓泡可用割补法修补(图 6-8),用刀把鼓泡卷材割除,按上一做法进行基层清理,再用喷灯烘烤旧卷材槎口并分层剥离开,除去旧沥青胶后,依次粘贴好旧卷材1~3,上铺一层新卷材(四周与旧卷材搭接不少于50mm),然后贴上旧卷材4。再按此法依次粘贴旧卷材5~7,上面覆盖第二层新卷材,最后粘贴卷材8,周边熨平压实,重新做好绿豆砂保护层。

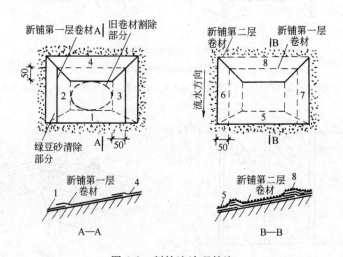

图 6-8 割补法治理鼓泡

4. 屋面节点部位的维修

屋面节点部位包括泛水、檐口、雨水口和出屋顶的管道与屋面交接处的构造处理,这些部位往往是容易发生渗漏的地方。预防措施是严格按设计要求选材和施工,保证施工质量。

(1) 对泛水处卷材张口、脱落等,先清除旧沥青胶并整理干净,保持基层干燥,再重新钉上防腐木条,将油毡贴紧钉牢、再覆盖一层新卷材,收口处用油膏封严(图 6-9a)。

(2) 卷材压顶损坏,凿除开裂和剥落的压顶砂浆,重抹水泥砂浆并做好滴水线。最好换为预制钢筋混凝土压顶板(图 6-9b)。

(3) 泛水转角处开裂,可割开开裂处的卷材,旧卷材烘烤后分层剥离,清除沥青胶,按

(图 6-9c)的做法处理。

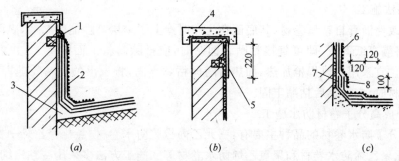

图 6-9 山墙、女儿墙泛水治理
1—防水油膏封口;2—新铺一层卷材;3—抹成钝角;4—冂形压顶板;5—新加卷材;
6—原有卷材;7—干铺一层新卷材;8—新附加卷材

(4) 雨水斗四周卷材裂缝严重时,应将该处的卷材剔除,检查雨水斗短管是否紧贴屋面板板面或铁水盘,若短管浮搁在找平层上,应将该处找平层凿掉,清除后重新安装好短管,再按构造要求重铺三毡四油防水层,做好雨水斗附近卷材的收口和包贴。

二、新型防水屋面施工

(一) 高聚物改性沥青卷材防水施工

使用较为普遍的高聚物改性沥青卷材是 APP 塑性体沥青防水卷材和 SBS 弹性体沥青防水卷材,其施工方法有冷粘法、热熔法和自粘法。找平层施工及要求同于传统卷材防水做法,基层处理剂的选择应与卷材的材料相容。高聚物改性沥青防水卷材,一般可选用橡胶或再生胶改性沥青的汽油溶液作基层处理剂。

1. 冷粘法施工要点

(1) 节点部位的增强处理。待基层处理剂干燥后,先将水落口、管根、泛水等易发生渗漏的薄弱部位,在其周围 200mm 范围内涂刷一道胶粘剂,涂刷厚度以 1mm 左右为宜,随即粘贴一层聚酯纤维无纺布,并在无纺布上再涂刷一道厚约 1mm 的胶粘剂。以此形成一层具有强塑性的整体增强层。

(2) 铺贴卷材防水层。按屋面排水坡度从低至高顺序(为保证铺贴平齐应先弹出基准线),边涂刷胶粘剂边向前滚铺卷材,并及时用压辊用力进行压实。要求用毛刷涂胶时,均匀无遗漏,滚压时注意不要卷入空气或异物,粘结必须牢固。

(3) 卷材的接缝和边缘处理。卷材纵横向搭接宽度为 80~100mm。接缝可用胶粘剂粘合,也可用喷灯热熔施工,边熔化边压实。平面与立面相交处的卷材铺贴,应自下向上压缝铺贴,并使卷材紧贴阴角,不应有空鼓现象。

2. 热熔法施工

SBS 或 APP 等改性沥青热熔型卷材在底面有一层软化点高的改性沥青热熔胶,胶面敷有防粘结、隔离用的聚乙烯膜。施工时用火焰喷枪将卷材底层热熔胶熔化即可铺贴。基层要求和基层处理剂的使用与冷粘法施工相同。喷灯(枪)加热基层及卷材时,距离应适中,一般距卷材 300~500mm 且与基层夹角 30°~45°,在幅宽内均匀加热,以卷材表面沥青熔融至黑色光亮为度,防止过分加热甚至烧穿卷材。

这种施工方法易使卷材与基层粘结牢固。在有雾、霜等气候变化时,只要烤干基层后仍可施工，但气温低于－10℃时不宜施工作业。

3. 自粘法施工

高聚物改性沥青自粘型卷材，其底面在生产时涂上了一层高性能胶粘剂，表面敷有隔离纸，使用时将隔离纸剥下，即可直接粘贴。铺贴时，应排除卷材下面的空气，并辊压粘结牢固。搭接部位宜采用热风焊枪加热，加热后随即粘贴牢固，将溢出的自粘胶随即刮平封口。铺贴立面卷材时，应加热后粘贴牢固。

（二）合成高分子卷材防水施工

合成高分子防水卷材的品种主要有：三元乙丙橡胶防水卷材，氯化聚乙烯—橡胶共混防水卷材，氯化聚乙烯防水卷材和聚氯乙烯防水卷材等。施工方法多采用冷粘法铺贴，也有自粘法和热风焊接法铺贴。其施工方法与高聚物改性沥青防水卷材基本相同。但需注意冷粘法（即以铺贴卷材所用的胶粘剂为冷胶材料）施工时，不同的卷材和不同的粘结部位应使用不同的胶粘剂。也就是说不同品种卷材或卷材与基层，卷材与卷材搭接缝粘结，其使用的胶粘剂不一样，切勿混用、错用。

屋面防水层施工完毕，应按设计要求做好其上的保护层，为做好防水层的成品保护，施工人员应穿软底鞋；运输材料时必须在通道上铺设垫板、防护毡等。保护层的做法有：涂料保护层；绿豆砂保护层；细砂、云母粉或蛭石粉保护层；预制板块保护层；水泥砂浆抹面或整体现浇细石混凝土保护层；架空隔热保护层等。

（三）屋面涂膜防水施工

涂膜防水屋面具有施工操作简便，无污染，冷操作，无接缝，能适应复杂基层，防水性能好，温度适应性强，容易修补等特点。主要适用于防水等级为Ⅲ级、Ⅳ级的屋面防水；也可作为Ⅰ级、Ⅱ级屋面多道防水设防中的一道防水层。按工程需要可做成单纯涂膜层或加胎体增强材料的涂膜层，如增加玻璃布、化纤毡、聚酯毡等胎体材料，与涂料形成一布二涂、二布三涂或多布多涂的做法。

涂膜防水施工的一般工艺流程是：基层表面修整、清理→喷涂基层处理剂→特殊部位附加增强处理→按设计要求涂布防水涂料及铺贴胎体增强材料→撒铺保护材料（或干燥后再做保护层）。涂料施工环境气温宜为5～35℃，遇雨天、雪天和五级风及以上时严禁施工。

涂膜防水须由两层以上涂层组成，每层应刷2～3遍，其总厚度要求达到设计要求。一般规定：沥青基防水涂膜在Ⅲ级防水屋面上单独使用时不应小于8mm，在Ⅳ级防水屋面或复合使用时不宜小于4mm；高聚物改性沥青防水涂膜不应小于3mm，在Ⅲ级防水屋面上复合使用时，不宜小于1.5mm；合成高分子防水涂膜不应小于2mm，在Ⅲ级防水屋面上复合使用时，不宜小于1mm。

防水涂料施工时应先高跨后低跨，先远后近，先立面后平面。先涂布排水较集中的水落口、天沟、檐口等节点部位，再进行大面积涂布。涂层中夹铺增强材料时，宜边涂边铺胎体，涂层应厚薄均匀、表面平整，待前遍涂层干燥后，再涂刷后遍。涂膜防水层收头应用防水涂料多遍涂刷或用密封材料封严。涂膜防水层完工后，不应上人踩踏、堆积杂物、打眼凿洞，并注意成品保护。

涂膜防水屋面应设置保护层，保护层材料可采用细砂、云母粉、蛭石、水泥砂浆或块材等。采用水泥砂浆或块材时，应在涂膜与保护层之间设置隔离层。当用细砂、云母粉、蛭石时，应在最后一遍涂料涂刷后随即铺撒，并用扫帚清扫均匀、轻拍粘牢。

第三节 刚性防水屋面及维修

与卷材及涂膜防水屋面相比,刚性防水屋面所用材料价格便宜,耐久性好,维修简便。但刚性防水层自重大,抗变形能力差,对地基不均匀沉降、温度变化、结构振动等因素敏感,而易出现裂缝。因此不适于设有松散材料保温层以及受较大振动或冲击的建筑屋面,主要用于防水等级为Ⅲ级的屋面防水,也作Ⅰ、Ⅱ级屋面多道防水设防中的一道防水层。

一、材料要求

水泥宜采用普通硅酸盐水泥或硅酸盐水泥,不得使用火山灰质水泥,水泥不宜低于32.5级。防水层细石混凝土和砂浆中,粗骨料的最大粒径不宜大于15mm,含泥量不大于1%;细骨料应采用中砂或粗砂,含泥量不大于2%;水灰比不应大于0.55,每立方米混凝土水泥最小用量不小于330kg,灰砂比1:2~2.5,砂率宜为35%~40%。

二、基层要求

刚性防水屋面的结构层宜为整体现浇的钢筋混凝土。当屋面结构采用装配式钢筋混凝土板时,应用强度等级不小于C20的细石混凝土灌缝,灌缝用细石混凝土宜掺膨胀剂。当屋面板板缝宽度大于40mm或上窄下宽时,板缝内需设置构造钢筋,板端缝应进行密封处理。

三、隔离层做法

为防止由于基层变形过大引起刚性防水层开裂,在基层与防水层之间宜设置一层低强度等级的砂浆、卷材、塑膜等材料,起到隔离作用,使基层与防水层之间变形互不受约束。

干铺卷材隔离层做法:在水泥砂浆找平层上干铺一层卷材,卷材的接缝均应粘牢,也可在找平层上直接铺一层塑料薄膜。

黏土砂浆或白灰砂浆隔离层做法:该种做法隔离作用较好,黏土砂浆配合比为石灰膏:砂:黏土=1:2.4:3.6;白灰砂浆配合比为白灰膏:砂=1:4。施工前应将基层清扫干净,洒水润湿,铺抹厚度10~20mm,要求隔离层表面平整、压实、抹光,待砂浆基本干燥后即可做防水层。

四、分格缝设置

为防止大面积的刚性防水层因温差、混凝土收缩等原因而造成裂缝,应设置分格缝。其位置应设在结构变形敏感的部位,如屋面板的支承端、屋面转折处、防水层与突出屋面结构的交接处等,分隔缝的纵横间距控制在3~5m。分隔缝宽度20mm左右,缝内可用弹性材料泡沫塑料或沥青麻丝填底,再用油膏嵌缝。

五、刚性防水层施工

(一)普通细石混凝土防水层施工

混凝土浇筑应按先远后近、先高后低的原则进行,一个分格缝间的混凝土必须一次浇筑完毕,不得留施工缝。钢筋网片宜置于混凝土的中层偏上,使上面有15mm保护层。混凝土应采用机械搅拌且搅拌时间不少于2min,混凝土运输和浇筑过程中应防止离析,混凝土浇筑后,先用平板振捣器振实,再用滚筒滚压至表面平整、泛浆,然后用铁抹子压实抹平,并确保防水层的厚度和坡度满足设计要求。抹压时严禁在表面洒水、加水泥浆或撒干水泥。混凝土收水初凝后,应进行二次表面压光。混凝土浇筑12~24h后应进行养护,且养护时间不应少于14d。养护可采用淋水、覆砂、锯末、草帘或塑料膜等方法,养护初期屋面不得上人。

(二)补偿收缩混凝土防水层施工

补偿收缩混凝土防水层是在细石混凝土中掺入膨胀剂拌制而成,硬化后的混凝土产生微膨胀,以补偿普通混凝土的收缩,同时能够填充堵塞混凝土的毛细孔隙,切断水的渗透通路。在配筋情况下,由于钢筋限制其膨胀,而使混凝土产生自应力,起到致密混凝土的作用。补偿收缩混凝土防水施工要求与普通细石混凝土防水基本相同,目前应用较多的是在混凝土中掺入适量U型膨胀剂制作的防水混凝土,称为UEA补偿收缩混凝土,它具有抗裂和抗渗双重功能。拌制混凝土时,应严格按配合比准确称量,搅拌投料时膨胀剂应与水泥同时加入。混凝土连续搅拌时间不应少于3min。

六、混凝土刚性防水屋面的维修

(一)刚性防水层开裂的维修

1. 开裂现象

混凝土刚性防水屋面开裂一般分为结构裂缝、温度裂缝和施工裂缝三种。结构裂缝通常发生在屋面板支承处和侧缝位置,裂缝宽度较大,并穿过防水层而上下贯通,通常是由地基不均匀沉降和结构变形引起;温度裂缝一般较有规则,且分布比较均匀,一般是由于分格缝未按设计要求设置或设置不合理,也可能是施工处理不当而引起开裂;施工裂缝是一些不规则的、长度不等的断续裂缝,这往往是由于细石混凝土配合比不当,浇筑混凝土时振捣不实,抹平压光不好,以及早期干燥脱水,养护不当等均会产生施工裂缝。

2. 维修方法

(1) 刚性屋面防水层发生裂缝后,首先应查明原因,如属于结构和温度裂缝,应在裂缝位置处将混凝土凿开,形成分格缝(宽度以15~30mm,深度以20~25mm为宜),然后按分格缝构造处理规定嵌填防水油膏,以防止渗漏水。

(2) 防水层表面若出现一般裂缝时,首先应将板面有裂缝的地方剔出缝槽,并将表面松动的石子、砂浆、浮灰等清理干净,然后再涂刷冷底子油一道,待干燥后再嵌填防水油膏,上面用防水卷材铺贴。防水卷材可用玻璃布、细麻布等,胶结料可用防水涂料或稀释油膏。

(3) 屋面防水层出现大面积龟裂,轻度的可以满涂水乳型橡胶沥青涂料、聚氨酯防水涂料等,严重的只有将整块防水层清除重做。

(二)屋面细部节点构造处渗漏

1. 混凝土刚性屋面防水层易发生渗漏的部位

混凝土刚性屋面防水层容易发生渗漏的部位主要有山墙或女儿墙、檐口、屋面板板缝、烟筒或管道穿过防水层处。

2. 维修方法

(1) 屋面泛水的维修。屋面与女儿墙或其他突出屋面的墙体交接处的泛水,由于嵌缝油膏老化失效或油膏与墙体脱开,可将旧油膏铲除,按油膏嵌缝的施工规程要求重做嵌缝。

(2) 檐口渗漏的维修。可用卷材或防水涂料夹铺增强材料,用贴盖法修补,若裂缝开展较宽,可采用油膏嵌缝和贴盖结合的方法。

(3) 女儿墙裂缝渗漏的维修。女儿墙年久失修、严重风化、酥裂很多,应拆除重做。一般情况,铲除墙体裂缝处的粉刷层,清理干净浇水湿透,用防水砂浆深嵌砖缝,再按要求抹好粉刷层。

第四节 平瓦屋面的维修

一、平瓦屋面的局部修补

平瓦屋面往往因为诸多原因造成渗漏，如基层或承重结构年久失修，造成屋面局部下沉；屋面节点部位老化失效；缺乏定期维护保养，瓦片损坏未及时更换，积灰过多以及未按设计或施工操作规程施工等，均会造成屋面渗漏雨水。

平瓦屋面积灰，容易堵塞瓦片的流水槽，使雨水不能畅流，溢入屋顶造成渗漏雨水。在对平瓦屋面进行清灰修漏时，若屋脊、泛水等节点部位比较完好，附近又无碎瓦，可采取局部清扫、补瓦。一般在屋脊前后及泛水附近积灰较少，不必掀瓦清扫，以免损坏屋脊和泛水。清扫可以离开屋脊和泛水三皮瓦做起，自上而下，从右向左顺序清扫。操作时左手将瓦掀起，右手用扫帚清扫右边瓦槽内的积灰，掀瓦片时注意不要损坏瓦片的边角。操作人员须穿软底胶鞋，动作要轻，防止损坏瓦片。

瓦片破损是引起瓦屋面漏雨的主要原因，因此必须及时对破碎的瓦件进行更换，即抽换瓦件。修补时先抽出碎瓦，轻轻揭开左右盖瓦，检查基层是否完好，然后将准备好的新瓦压入牢靠(或扣在挂瓦条上)，将揭开的盖瓦重新压盖在挂瓦上扣牢。

平瓦屋面的基层一般为望板油毡，屋面漏雨有时是因油毡损坏或老化所致，修补时首先要找到漏雨的部位，然后将瓦件掀开，拆掉挂瓦条、顺水条、油毡，用热沥青重新铺贴新油毡，并与周围旧油毡按流水方向顺槎搭接粘贴牢固。最后按要求重新钉好顺水条及挂瓦条，将瓦件挂好即可。

平瓦屋面渗漏雨水的维修，首先必须找出渗漏的原因，确定渗漏雨水的部位，有时顶棚渗漏的地方，未必是屋面相应位置的瓦件有问题，而一时难以判断其原因，这样渗漏的情况就有些复杂。因此，除先在室内检查漏水的部位、范围做好记录外，还需在雨天或雨刚停，到屋面上仔细勘察，或者在晴天用喷水的方式进行观察研究，如有必要可掀开屋面瓦件进行检查，由技术人员综合多种因素进行会诊，综合分析、科学判断，找出渗漏雨水的真实原因，然后制定出切实可行的维修技术方案，进行根治。

二、平瓦屋面的翻修

经查勘鉴定平瓦屋面确因年久失修，屋脊和泛水的抹灰已剥落，有较多的破裂瓦需要更换，屋面板、油毡防水层及挂瓦条也已损坏，渗漏范围较大且严重，此时采用局部修补已不能从根本上解决屋面渗漏问题，必须采用翻修重做屋面，其施工步骤如下：

(1) 先拆除屋脊、泛水及无使用价值的屋面附属结构，压顶和泛水损坏开裂部分也应先凿除。瓦片拆卸后，剔出风化、损坏及裂缝严重的瓦片，将完好的瓦片清扫干净，妥善堆放。然后将屋面上的垃圾碎瓦等杂物清理干净。

(2) 全面检修，按加固设计方案的要求，加固屋架、檩条、屋面板，屋面若存在凹凸不平应适当支垫平齐，以保证屋面排水顺畅。

(3) 在有望板的屋面上，应先在屋面板上，与檐口平行自下而上铺设一层油毡，油毡搭接长度不小于100mm，并用顺水条将油毡压紧钉牢在屋面板上，顺水条断面一般为7mm×40mm，间距为500mm。接下来在顺水条上铺钉挂瓦条，挂瓦条的间距应根据瓦片的规格和屋面坡长确定,一般为 280～310mm,挂瓦条断面可为 25mm×40mm,要求挂瓦条铺钉平整、牢固、上棱直顺。

(4) 铺设瓦片时,应从檐口开始分排由下向上铺盖,第一排瓦应拉线铺设,确保平直,并且檐口瓦要出檐 60～80mm。要求瓦槽落榫,瓦脚挂牢,瓦头拍齐,屋面坡度在 35°以上时,瓦片应用 18 号镀锌钢丝系牢在挂瓦条上。屋面坡度大于 30°或风大地区,须将檐口处第一排或两排瓦绑牢。靠近屋脊处的第一排瓦应用灰浆垫实卧牢,防止脱落,引起屋脊漏水。

(5) 天沟、斜沟和檐沟一般采用镀锌薄钢板制作,其厚度为 0.45～0.75mm,加工成型后,两面均应涂刷两道防锈底漆,再涂刷两道面漆,要求镀锌薄钢板深入瓦片下面不少于 150mm。天沟和斜沟也可用卷材铺设,但层数不得少于三层,且底层油毡应用带有保护软垫圈的圆钉钉在木基层上,然后按卷材铺贴的操作规程施工。

(6) 平瓦屋面做屋脊,应先将两头脊瓦窝好,挂线找直,沿脊铺设灰浆,脊瓦顺挂线卧牢在灰浆上,要求平直坚实,脊瓦接头应顺主导风向,脊瓦搭盖在两坡面平瓦上的长度不小于 40mm,搭接缝处及脊瓦接头处用混合灰(麻刀灰中加入水泥)勾缝,缝口要平整严密。

第五节 屋面防水维修管理

一、屋面的养护管理

物业管理公司做好屋面的养护管理,可以确保屋面处于完好状态,充分体现预防为主的原则。良好的维护保养还可延长屋面的使用寿命,减少维修支出费用及对业主正常生活的影响。

(一) 定期检查、发现问题及时处理

(1) 应建立定期检查制度,对屋面应每季度进行一次例行全面检查。重点是每年开春解冻后,雨季前,着重对屋面防水状况进行细致的检查,避免即将到来的雨季出现渗漏雨水,给业主带来损失。

(2) 检查工作应由专业技术人员进行,每次检查前应按不同类型屋面拟定详细检查内容,突出重点部位,检查结果要按每栋屋面分别记载存档。

(3) 检查中发现的问题,应立即研究、分析原因,做出对屋面防水功能损害程度的判断,对小范围、局部的属小修范围的开裂、起翘等问题,采取相应措施及时维修,以免继续发展造成更严重的渗漏。

(二) 保证屋面清洁,利于雨水顺畅排除

每年春季开冻后和冬季前,在对屋面进行检查的同时,进行一次彻底清扫,清除屋面,尤其是落水口、天沟、泛水等处的积灰、杂草及其他垃圾杂物。清扫时动作要轻,并不得用带有尖利、锋刃的工具进行清扫工作。

(三) 加强屋面维护管理,遵守业主公约

(1) 非上人屋面上人检查口或爬梯应设有标志,非工作人员禁止随意上屋面,检查口情况应经常检查。

(2) 屋面属全栋业主公共部位,未经全体业主同意并签订协议,任何单位和个人不得私自在屋面上架设广告牌,建造临时建筑,堆放杂物,架设设施或其他构筑物。若必须架设广告牌等构筑物需经鉴定加固设计部门做出设计并报经市容、规划等有关部门同意后方可实施。

二、屋面维修计划管理

（一）合理确定屋面维修周期

根据屋面定期检查鉴定记录和历年维修情况记载的统计分析，总结出屋面损坏、渗漏的规律，合理确定屋面的维修周期，以便制定年度维修计划。平屋面的损坏决定于防水层选用的材料类型、等级和施工质量以及水泥砂浆的强度，以沥青油毡防水层为例，可保持5～8年，新型改性沥青油毡和高分子卷材等的维修周期可适当延长。瓦屋面和平屋面的计划养护或中修可以3年一次。

（二）制定切实可行的维修计划

考虑各项目维修的统筹安排、轻重缓急、维修资金的合理安排使用、人员的调配等，决定屋面的维修计划安排。由于屋面功能的特点，维修时间宜安排在开春解冻后，雨季来临前或秋末冬季之前。根据屋面定期检查记录，维修情况记载以及实际损坏情况，确定维修范围和目标，制定出可行的实施方案和措施，编制维修计划应包括的主要内容为：计划期内所需维修房屋的名称、部位（或范围）及维修性质、工程量、投资额、开竣工日期、施工任务的分配方式（自营维修或外包维修）、进度计划表以及维修施工技术方案等。

三、屋面维修施工管理

（一）施工前的准备工作

施工准备是指维修工程开工前，物业管理公司、施工单位就维修施工组织、技术、经济、人力和物资设备等方面，为保证维修工作顺利开工和进行而事先必须做好的一项综合性的组织工作。根据维修工程的性质和维修难易程度，做好相应的施工前准备工作。

（1）根据屋面维修工程的特点、工期要求，综合当地的技术、资源、人力等方面的实际情况，编制维修施工方案。

（2）充分考虑物业及周围环境的平面布局，在尽量减小对业主正常生活干扰和方便施工的原则下，提供必需的施工场地，并严格按照施工布置平面图，安排施工材料、构件、机具及建筑垃圾的堆放，由责任人负责监督管理。

（3）开工前物业公司应将维修工程涉及的范围、内容、施工作业时间、可能带来的影响及注意事项及时通知业主，对个别施工时需要搬移的业主应提前做好动员和准备工作。

（二）文明施工、做好安全防护工作

屋面维修施工尤其是屋面翻修施工过程中，容易产生垃圾、尘土，熬制沥青或刷抹防水涂料时，挥发出一定的有毒气体，对环境带来一定的污染。因此，在维修施工中应特别注意加强环境保护问题，同时还要防止屋面落下重物出现砸伤，热沥青烫伤等事故，以及做好防火等工作。

（三）屋面维修工程质量及竣工验收管理

1. 质量检验

屋面防水所用各类材料均应符合质量标准，屋面防水坡度和泛水均符合设计要求，屋面防水层及各节点部位（特别是沟嘴和披水等）经维修后不渗漏、不积水。

（1）找平层和刚性防水层的平整度，用2m直尺检查，面层与直尺间的最大空隙不超过5mm，空隙应平缓变化，每米长度内不多于一处。

（2）屋面防水工程在施工中应分项交接检查。未经检查验收，不得进行后续施工。

(3) 检验屋面有无渗漏水、积水,排水系统是否畅通,可在雨后或持续淋水 2h 以后进行。

(4) 屋面防水的细部构造处理,各种接缝、保护层等均应做外观检验。

(5) 涂膜防水的涂膜厚度检查,可用针刺法或仪器检测。每 100m^2 防水层面积不应少于一处,每项工程至少检测三处。

2. 竣工验收管理

屋面维修工程必须符合规定的交验条件和《房屋修缮工程质量检验评定标准》,才能办理竣工验收手续。凡检验评定不合格的,不得交付使用。有关质量保修的内容和期限,应当在工程合同中载明。

工程验收时应提供下列归档资料:

(1) 屋面防水维修工程勘察设计图、设计变更及工程洽商记录。
(2) 屋面防水维修施工方案及技术交底书。
(3) 所使用材料出厂质检证明及现场复测检验报告。
(4) 施工检验记录、淋水记录、隐蔽工程验收记录、验评报告等。

四、房屋维修行政管理及档案资料管理

(一) 房屋维修行政管理

按照我国《城市房屋修缮管理规定》,修缮房屋是房屋所有权人应当履行的责任。异产毗连房屋的修缮,应依照《城市异产毗连房屋管理规定》,划分各自应承担的责任。因使用不当或人为造成房屋损坏,应由行为人负责修复或者赔偿。租赁私房的修缮由租赁双方依法约定修缮责任。物业管理公司作为受托物业的管理者,在责任范围内应当定期查勘房屋,掌握房屋完损情况,发现损坏及时修缮;在暴风、雨、雪等季节,应当做好预防工作。发现房屋险情及时抢险修复。在房屋修缮时,遭到使用人或邻人借故阻挠而可能导致房屋发生危险的,物业管理公司可及时报请当地人民政府房地产行政管理部门,采取排险解危的强制措施。排险解危的费用由当事人承担。

(二) 房屋维修档案资料管理

房屋维修档案资料管理作为物业档案资料管理的重要组成部分,是物业管理公司在制定房屋维修计划,确定房屋维修方案,实施房屋维修施工时,不可缺少的重要依据。因此,为加强房屋维修管理,更好的完成房屋维修任务,应配置专职人员对房屋维修档案资料进行管理。涉及房屋维修的档案资料主要包括:

(1) 房屋新建工程、维修工程竣工验收文件,竣工图及有关原始资料。
(2) 现有的有关房屋及附属设备设施的技术资料。
(3) 房屋维修的技术档案资料、声像材料。
(4) 其他需要存档的有关资料。

本 章 小 结

屋面防水维修与养护是物业维修、养护管理的重点之一。因此,本章应作为重点安排学习。熟悉常用屋面防水材料的种类、规格、性能和应用范围,屋面工程防水等级和设防要求;掌握油毡防水屋面的维修与养护方法;了解新型防水屋面的施工要点;混凝土刚性防水屋面

的维修方法;对平瓦屋面的养护、维修有一定的认识;另外应掌握屋面维修管理的有关规定、主要环节和要求。

复 习 题

1. 沥青防水卷材可分为哪几个品种？各自特点如何？
2. 什么是合成高分子防水卷材？最有代表性的品种是什么？
3. 我国屋面工程防水等级是如何划分的？各级防水层耐用年限是多少？
4. 油毡防水屋面存在的问题有哪些？各是什么原因造成的？
5. 油毡防水屋面裂缝的修补方法有哪些？
6. 直径100～300mm的鼓泡如何修补？试画出修补方法示意图。
7. 刚性防水屋面的特点如何？
8. 刚性防水屋面设置隔离层和分格缝的作用是什么？
9. 屋面养护管理的内容有哪些？
10. 屋面维修施工前的准备工作有哪些？
11. 屋面维修工程质量检验内容有哪些？

第七章　房屋装饰装修的维修与养护

第一节　门窗的修缮与养护

门窗是房屋中使用频率最高的构件之一,它常年受外界自然环境变化的影响,需养护修缮的频率也最高。其中,不同材料制造的门窗,损坏原因及维修养护各有其特点,本节将针对各类门窗分别阐述。

一、木门窗的维修

(一) 木门窗的损坏形式及产生原因

1. 门窗扇倾斜、下垂,四角不成直角;门扇一角接触地面,或窗框和窗扇的接口不吻合,造成开关不灵,其原因为:

(1) 制作时榫眼不正,装榫不严;

(2) 门、窗框受压,影响门、窗扇也受压变形;

(3) 使用中利用窗扇挂重物,造成榫头松动、下垂变形。

2. 弯曲或翘曲的原因:

表现为平面内的纵向弯曲,有时是门、窗框弯曲,有时是门、窗扇的四边弯曲,使门窗变形开关不灵。或者是门窗扇纵向和横向同时弯曲,而形成翘曲,关上门窗,四周仍有很大缝隙,而且宽窄不匀,使得插销,门锁变位,不好使用。造成的原因有:

(1) 木材断面尺寸太小,承受不了经常开关的扭力,日久变形;

(2) 制作时木材潮湿,干缩变形;

(3) 安装门、窗时,框与墙接触部位包括与墙连接的木砖未做防潮、防腐处理(涂热沥青),而造成木框在墙里受潮变形;

(4) 受墙体变形影响,造成口的翘曲变形;

(5) 使用中受潮影响,湿胀干缩,榫头糟朽、节点松动等引起变形。

3. 缝隙过大的原因:

缝隙在此指两类:一是框与墙的;一是扇与框的。缝隙过大将影响使用,如影响保温、隔热、隔声及易进风雨,故必须给予重视。造成的原因有:

(1) 制作时质量不合要求,留缝过大;

(2) 安装时木材刨去太多造成强度、刚度不足引起变形;

(3) 框、扇木料不干或受潮,引起干缩变形。

4. 走扇的原因:

表现为门窗没有外力推动时,会自动转动而不能停止在任何位置上。造成的原因有:

(1) 门窗框不垂直,门窗扇也就处于不垂直状态。

(2) 安装合页(铰链)用的木螺钉顶帽大,或顶帽没有完全拧入合页。两面合页上的螺钉帽相碰；

(3) 门窗扇变形，使框与扇不合槽，经常碰撞。

5. 腐朽劈裂的原因：

门窗木料易发生腐朽的部位是框、扇接近地面的部分，以及框与墙接触部分和棱边的榫头。造成的原因有：

(1) 地面潮湿，或擦洗地面时洒水多，经常溅到门的下部；

(2) 室内通风不良，空气潮湿；

(3) 由于门窗油漆脱落，玻璃腻子不牢固有裂缝，水分浸湿木材；

(4) 制作时木材不干，在干缩变化中木材纤维之间发生脱离而引起裂缝；

(5) 框在安装时，与墙接触部位未做好，造成木框的腐蚀。

(二) 木门窗的维修

木门窗使用广泛，做好它们的维修工作具有重大的实用意义。木门窗的维修有五类而首先应做好：

1. 木门窗修缮的准备

木门窗修理的准备工作有三方面：

1) 木材准备：

要预先准备好含水率合格的相应木材，且锯成断面为 45～60mm 的方木备用；门心板要用到的胶合板、纤维板按需备好；小五金可能用到的钉子、螺钉等，以及窗纱、胶等备足。

2) 工具准备：

这里所需的工具基本是木工常用的全套工具及电锯、电刨等。

3) 作业条件准备：

首先是必需的木工作业棚或工作台等；再有就是熟悉对门窗修缮的工艺要求及修缮方案；另外对需拆落的门窗已在其合页（铰链）处注油除锈。

2. 门窗扇倾斜、下垂的修缮

这是一种最常见的问题，它往往是榫齿松动所致。修理时，先将下垂一侧抬高，使其恢复平直，再在门窗扇的四角榫槽的上下口处楔入硬木楔，挤紧即可。若下垂严重，则可先将门窗扇卸下找平方正，再在榫槽内加楔、挤紧，用铁三角紧固好重新安装即可。

3. 门窗翘曲的矫正

(1) 使用门窗矫正器进行矫正。矫正时先卸下门窗扇，将矫正器搭在门窗扇的对角上，通过拧紧矫正器的螺栓，施加压力，对门窗扇进行矫正。矫正后门窗扇对肩的冒头与边框连接处会出现浅裂缝，应用硬木楔沾胶楔入缝内挤紧，再卸下矫正器。

(2) 用手工矫正，对于翘曲不大严重的门窗扇，卸下后，平放在工作台或硬地面上，用力将翘高的两对角压平，此时另两对肩处会出现裂缝，用硬木楔沾胶楔入缝内挤紧。

4. 门窗扇走扇自开的修理

(1) 门窗上下合页安装不垂直，或是门窗框的立边不垂直是造成此种情况的原因之一。修理时可将门窗框扶直，如倾斜不大，而框的扶直较麻烦时，可将上、下合页分别向外、向内稍移一些，总之，使扇的立边处于垂直状态，即可解决此问题。

(2) 引起走扇的另一原因往往是合页上的木螺钉帽不平引起的。修理的方法是：更换合适的木螺钉，使合页紧密相贴即可解决。

5. 接边、接榫的修理

对于门窗边框的局部糟朽、损坏,可以采取接边、接榫等拼接修补的方法进行修理。修理时把门窗扇卸下来并去掉玻璃,把需要修补的边框锯去糟朽,损坏部分,按原形状和尺寸(去掉部分)做好接补的木料,用胶拼贴上,并用去掉钉帽的钢钉钉入接补的连接处,最后刨平与原边框一致,再把整扇门窗拼装好,然后把修补部分打腻子粉饰好即可继续使用。若框也有此糟朽,亦可用此法进行修补。

6. 抽换窗扇棱条的做法

窗棱糟朽,损坏,可不拆窗扇而只换坏了的棱条。方法是:先将糟朽棱条锯掉拿走,把原榫眼清理干净或在附近重新打眼,按原样配好新棱条,并将其一端两侧锯掉长度约为整条棱条的四分之一,锯下的榫皮切断保留,将新棱条一端先插入立框的榫眼内,并将插入部分多一些,待另一端也已在扇框内时再倒退入另一个榫眼内,两端榫眼加木楔钉牢后,再用保留好的榫皮镶贴到原位,刮腻、油漆后便修复如新。

7. 木门窗修缮施工管理要点

(1) 按施工过程的先后顺序抓好"三严"管理。

1) 施工前严格检查材料质量、规格是否合格(如木材含水率、材质、五金零件出厂合格证等)。

2) 在施工过程中严格执行工艺标准(不能简化,像钉窗纱一定要先钉纱再钉压纱条,不能只钉纱条不钉纱,再如不刨平,不上腻子就刷漆等)。

3) 在每个损坏构件或每扇门窗修缮完成后,要严格检验修缮后的质量。

(2) 抓好对木门窗修缮施工现场的防火管理。

1) 随时注意现场的清理。

2) 对用电器具、设备、线路要符合防火安全的规定要求。

3) 在现场备足各种灭火材料、器具。

(3) 抓好文明施工管理

门窗修缮施工属经常性的小修工程,与用户近距离接触,要做好双方的沟通工作,互相配合,最大限度的降低相互干扰。

二、钢门窗的维修

(一) 钢门窗的损坏形式及产生的原因

1. 损坏形式

(1) 翘曲变形;

(2) 开关不灵、关闭不严;

(3) 锈蚀,零部件不能正常使用;

(4) 零部件松动、脱落、断裂损坏。

2. 产生损坏的原因

(1) 制作中,冷轧钢材和热轧钢材混用,两种型材热涨冷缩不一制导致刚度差,故引起的变形大;

(2) 零部件强度不够,无法紧固或产生变形,造成钢门窗无法使用或耐久性不高;

(3) 安装不牢固,框与墙壁结合不够坚实,边框活动,框与墙壁间产生缝隙;

(4) 配件丢失、修补不及时,螺钉拧紧深度不够;

(5) 未及时进行油漆防护,或油漆时除锈不彻底。

(二) 钢门窗的维修

1. 钢门窗修缮的准备工作有三方面：

(1) 材料准备

1) 钢材准备：按查勘设计要求对所修门窗的型号、材质、规格等准备好具有出厂合格证的相应型钢、空腹型钢、扁钢等；

2) 电焊条准备：按查勘设计的型号、钢号、牌号、规格,备好具有出厂合格证或检验合格证的电焊条；

3) 五金零件准备：按查勘后确定的更换五金零件的规格、数量准备好所需的五金零件(如合页(铰链)、拉手、挺钩、插销、螺钉、铆钉等)。

(2) 机具准备

机具准备专指操作平台、卡具台、砂轮锯、手电钻及小型电焊机等。

(3) 作业条件准备

1) 要熟悉损坏部位情况、修缮方案和钢门窗的应修项目情况。

2) 做好修缮外檐窗的脚手架、护栏等设施的搭设工作。

3) 对修缮所用材料的存放场地要有防雨防潮的措施。

2. 对门窗松动、翘曲,应将锚固铁脚的墙体凿开,将铁脚取出矫正,损坏的应焊接好,并将框矫正好后,用木楔固定,墙洞清理干净洒水润湿后用高标号水泥砂浆把铁脚重新锚固,并填实墙洞,待砂浆强度达到要求后,撤去木楔,再把框与墙壁间的缝隙修补好。

3. 对于钢门窗本身的制做缺陷或人为损坏程度较轻情况,可以拆扇卸玻璃后进行矫正,涂刷油漆保护层后重新装扇。当损坏程度较严重时,应拆下有缺陷的扇,更换新扇。

4. 当零配件不合格或不配套时,应更换零配件。

5. 对钢门窗的锈蚀,应视其情况,进行修理。锈蚀不太严重时,先进行彻底除锈,然后涂刷防锈剂,再重新刷油漆；若锈蚀严重时,应进行更换,配件应定期上油,螺钉部分亦应定期拧下除锈上油。

6. 对于螺钉深度不够而造成窗扇关闭不严的应将螺钉退下,用丝锥将原孔重新套钻一次,把螺钉孔清理干净,然后再拧上螺钉,钉帽不得突出表面,保证钢窗关闭严实。

7. 钢门窗修缮施工管理要点,钢门窗修缮施工管理重点抓两方面：

(1) 抓好施工中连接部位的维修工艺：如钢门窗框与口的连接。这里可能由于连接不平顺造成框不正、变形或缝隙过大,对此应在修缮中采用拆框重修的做法,重点要抓好墙内木砖的更换(或燕尾铁),注意做好木砖的防腐处理,对重新油漆工作要按工艺要求细心完成。

(2) 在施工中要做好安全工作：修理安装外檐窗或换配玻璃时,应系好安全带,戴好安全帽；电焊作业应远离易燃物,焊机移动时,必须拉闸切断电源。

三、铝合金门窗的维修

(一) 铝合金门窗的损坏形式及产生原因：

1. 铝合金门窗在安装前受到挤压或碰撞,引起变形,在施工时没有找正而急于固定,或在塞侧灰时没有进行分层塞灰,造成铝合金门窗不方正,形成使用缺陷；

2. 安装或使用过程中,铝制品表面受到化学物质的侵蚀,表面受到污染,脏污痕迹无法清除,形成门窗外观的缺陷;

3. 铝合金门窗的紧固部件松动、脱落;

4. 门窗的密封材料安装不牢或老化、脱落;

5. 由于使用不当和养护不良,造成门窗的过度磨损等。

(二) 铝合金门窗的修理

1. 维修准备

(1) 材料准备

1) 按查勘设计选择有出厂合格证的各种型号、规格的铝合金型材。

2) 按查勘后统计清楚的五金零件,备足诸如螺钉、膨胀螺栓、自攻螺钉、射钉、拉铆钉、合页(铰链)、铝合金拉手、扳手、明暗锁、尼龙密封条、橡胶密封条、玻璃压条、地弹簧等。

(2) 机具准备

所需机具主要有:无齿锯、砂轮、手电钻、射钉枪、拉铆枪、电螺钉旋具、台虎钳、木锤、锉等。

(3) 作业条件准备

1) 熟悉查勘设计所选用的铝合金型材的型号,熟悉修缮方案,核对损坏情况。

2) 按照修缮方案,搭设好工作台和卡具台,并接通电源。

3) 做好修缮外窗所需的脚手架搭设工作及相应的护栏设施。

4) 存放铝型材及五金零件的房间或场地平整好,要做到能防潮、防变形、防盗。

2. 对于门窗框扇的变形,严重时应拆下进行矫正或更换。

3. 对于表面的污浊应及时擦拭干净,安装时,应将铝合金门窗框进行包裹,避免施工过程中的污染。对于受到腐蚀性物质侵蚀的,应视腐蚀的严重程度进行修补或更换。一般腐蚀较轻时,应用纱布仔细进行打磨,然后再修补,对于腐蚀严重而产生孔蚀时要拆除更换掉带有孔蚀的构件。

4. 若是由于密封材料的老化,裂缝或磨损而造成部分出槽或脱落,应更换有损伤的密封材料,另外,若是由于密封材料的剥离造成的漏缝,应在剥离部位涂上粘结材料后再铺贴好密封条。

5. 对于附件、螺钉的松动要及时拧紧,脱落要及时进行更换装配。

6. 铝合金门窗维修施工管理要点

(1) 抓好对材料、半成品、配件、五金件的到货验收环节,做到上述产品均有出厂合格证。

(2) 抓好修复后的竣工验收,保证各修缮部位使用功能,外观质量均达到修缮设计要求。

(3) 注意修缮过程中及竣工时的成品保护,防止在搬运材料工具或拆安脚手架时碰坏修复好的成品,另外要特别注意防止对铝合金门窗的污染。

四、塑钢门窗的维修

塑钢是钢和塑料两种材料的混合体,它集钢的强度好,塑料的耐腐蚀性好及外观质感好于一身的优势被广泛使用。这类门窗外面的塑料多数是分段粘固在钢胎上,粘结质量欠佳是修缮检查的重点之一。此类门窗与铝合金门窗开启方式相同,其中推拉式很普遍,而推拉式门窗最大的检查重点就是滑道不严密、透气渗漏问题,因此密封条要常检查常换。这类门窗防污染也很重要,因为污染会加速塑料老化。

五、门窗的养护管理

做好门窗的日常养护工作,可以延长使用年限,保证使用功能和保持美观,为此主要做好以下几个方面:

(1) 经常检修,保证使用

门窗在使用中经常开关,常会发生开关不灵,缝隙过大,小五金配件丢失或损坏等问题。这些小问题如果不及时进行修理,会使损坏进一步扩大而影响美观、使用。因此对于用户报修的门窗项目要及时安排检查和修理,同时物业管理单位也要主动定期对门窗进行检查,及时提出维修项目和维修计划,及时维修。

(2) 做好防潮和防寒工作

保证门窗的正常工作状态,夏季不进水,冬季不进冷风,保持室内干燥,防止潮湿,对延长门窗的使用年限关系极大。因此对于门窗缝隙、关闭不严和玻璃损坏等都要及时进行修理,以防进水、进风,对门窗材料造成腐蚀,影响正常使用。

(3) 定期进行油漆

门窗油漆不只是为了美观,更重要的是保护门窗不受潮湿和雨水的侵蚀,防止腐蚀。当门窗漆皮局部脱落时应及时进行补油,补油尽量与原漆保持一致,以免影响美观。当门窗油漆达到老化期限时,应进行全部重新油漆。一般木门窗5~7年油漆一次,钢门窗8~10年油饰一次,对于使用环境恶劣时应缩短油饰期限。

(4) 对铝合金门窗应避免外力的破坏、碰撞,禁止带有腐蚀性的化学物质与其接触。

(5) 物业管理人员要对用户做保护门窗方法的宣传工作。使用户自觉地正确使用和保养门窗。

第二节 墙面的修缮与养护

墙体是房屋的主要构件之一,它的特点是作为墙的材料种类很多且具有很强的装饰性,其维修养护也各具特点。本节分外墙和内墙分别阐述。

一、外墙饰面的修缮与养护

房屋的外墙饰面由于受到自然风化及工业生活排放的各种有害气体等因素的综合作用,会造成饰面的损坏,严重时,还会影响砌体结构的安全。外墙饰面基本分为六大类,它们损坏的现象、原因及修理养护内容不尽相同,现分述如下。

(一) 抹灰墙面

抹灰外墙面一般有三种做法,即普通抹灰、装饰抹灰和聚合物水泥砂浆装饰抹灰。

1. 普通抹灰

普通抹灰分为底层,中层和面层。

2. 装饰抹灰

装饰抹灰一般包括拉毛、甩毛、扒拉石、假面砖等做法。

拉毛包括用棕刷操作的小拉毛和用铁抹子操作的大拉毛两种。在外墙还有拉出大拉毛后再用铁抹子压平毛尖的做法。

甩毛是用竹丝刷等工具将罩面灰浆甩在墙面上的一种饰面做法。也有先在基层上刷水泥色浆,再甩上不同颜色的罩面灰浆,并用抹子轻轻压平成两种颜色的套色做法。

扒拉石与扒拉灰做法基本相同,扒拉灰作法是在底层或其他基层上抹1:1水泥砂浆,然后用露钉尖的木块作为工具(钉耙子)挠去水泥浆皮,形成扒拉灰饰面。扒拉石只是把1:1水泥砂浆变为1:1水泥碴浆(小八厘或米粒石)其他做法相同。

假面砖是用掺氧化铁黄、氧化铁红等颜料的水泥砂浆,抹3~4mm的面层,然后用铁梳子顺着靠尺板由上而下划纹,最后按面砖宽度用铁钩子沿靠尺板横向划沟,其深度3~4mm,露出底层砂浆即可。

3. 聚合物水泥砂浆装饰抹灰

聚合物水泥砂浆是指在普通水泥砂浆中掺入聚乙烯醇缩甲醛胶(108胶)或聚醋酸乙烯乳液(106胶)等,来提高饰面层与其他层的粘结强度,减少或防止饰面层开裂、粉化、脱落等现象。其施工方法有四种,分为喷涂,滚涂,弹涂和刷涂。

喷涂是用挤压法、砂浆泵或喷斗将砂浆涂于墙体表面,形成装饰层;

滚涂是将砂浆抹在墙体表面,用滚子滚出花纹,再喷罩面层形成装饰层;

弹涂是用弹涂器分几遍将不同色彩的聚合物水泥浆弹在已涂刷的涂层上,形成不同大小的花点,最后再喷一遍罩面层;

刷涂是以白水泥为主,掺入适量的聚合物,再用水稀释成具有操作稠度的聚合物水泥浆涂刷于墙体表面形成饰面层。它一般用于檐口、腰线、窗套、凸阳台等墙面的局部装饰。

4. 外墙抹灰常见的几种损坏现象

(1) 灰皮脱落:灰皮大部或部分从基体上脱落,有的分层从墙面剥落;

(2) 空鼓:抹灰层与基体脱离,有的抹灰层与抹灰层局部脱离;

(3) 裂缝:灰皮局部裂缝,有的灰皮与基体同时裂缝;

(4) 墙面污染。

5. 抹灰工程损坏的原因

抹灰工程损坏的主要原因来自三方面:

(1) 施工质量方面:

1) 抹灰时基体没清理干净,浇水不够,各层抹灰间隔时间不当、压的不实等;

2) 灰浆配合比不准,搅拌不匀,胶结材料过期,砂子含泥量过多,小石子没洗净;

3) 抹灰养护的不够,夏天浇水不到,冬天抹灰后受冻等;

4) 补抹的灰皮与原有抹灰边缘压的不实,也易裂缝或脱落。

(2) 自然方面的影响:

1) 结构变形,由于地基发生不均匀沉陷或地震影响,墙体和抹灰面同时裂缝;

2) 胀缩,由于温度变化引起灰面裂缝。

(3) 人为因素的影响:

1) 积灰常年不清洗造成饰面发生物理、化学变化导致变色、污染等;

2) 外墙面上固定的一些预埋铁件(如雨水管卡子等)没有上漆,造成锈蚀污染等。

6. 抹灰工程的检查

(1) 直观法:

用眼检查抹灰工程有无脱落、裂缝、抹灰面凸出、酥碱、污染等情况;

(2) 敲击法:用检查抹灰工程的小锤,敲击抹灰面,从发出的声音判断抹灰是否空鼓,如发出鼓声,则说明抹灰面有空鼓情况,检查时要记下损坏的部位和范围,以便修缮。

7. 抹灰工程的修补

(1) 抹灰修缮施工准备

1) 材料准备：主要是水泥,中砂,石灰膏,108胶四种材料,要求质量品质是经过检验合格的产品；

2) 机具准备：专指抹灰施工所用的各类工具,如抹子,压子,阴、阳角抹子,软、硬毛刷等；

3) 作业条件准备：

(a) 外墙抹灰修缮,在施工程序上属最后一道工序,它应在墙面的其他各类修缮完成后,且经验收合格后才开始。其他修缮指：门窗开关不灵的修缮；门窗框与墙面缝隙的堵封；屋面防水发生渗漏的修缮；墙身碱蚀、鼓闪修缮；外墙的雨水管、栏杆、预埋件等缺损的修缮；穿墙管道的修缮与堵缝；墙上脚手眼的封堵等。

(b) 对外墙表面的凹凸已做好了填补或剔凿的准备；对加气混凝土块表面不平,缺棱掉角现象已用 1∶1∶6 水泥石灰混合砂浆分层补齐且外涂了 108 胶。

(c) 已做了经有关部门技术人员评定认可的抹灰样板。

(2) 灰皮脱落,分大面积脱落和局部脱落的修缮：

1) 大面积脱落：墙面留下的灰皮不多,为了便于施工,应将剩余的部分全铲除重做。要首先处理基体,再根据原抹灰的种类,按规定的工程做法完成重新抹灰的施工。

2) 局部脱落：首先检查脱落部分四周的灰皮,有空鼓的应铲除,并铲好接槎处,基体要清理干净,浇水润透后,按抹灰种类和工程做法补抹。接槎处要抹严密并压实,尽量使新旧抹灰一致。

(3) 空鼓部分的修补

空鼓也有大面积和局部空鼓两种：

1) 大面积空鼓：应全部铲除,处理好基体,用与原抹灰相同的材料,按抹灰工程的做法完成重抹施工。

2) 局部空鼓：灰皮四周不空鼓的灰皮和基体连接牢固的可继续观察,暂不处理；空鼓凸出抹灰面的应铲除修补。

(4) 裂缝的修补

裂缝有灰皮裂缝和灰皮与基体同时裂缝两种。

1) 灰皮裂缝：应加宽裂缝到 20mm 以上,清除缝中杂质,浇水润湿,再按抹灰做法补缝,具体可采用丙烯酸乳漆掺石膏和滑石粉,刮披腻子,用砂纸打磨平,然后,刷两遍乳胶浆,补抹的灰要与原有的灰结合严密、平整。

2) 抹灰面与基体都开裂的情况：首先查出裂缝原因再修补灰皮。修补时应加宽裂缝,先修补基体裂缝,后用灰修补表面裂缝。补抹的灰要与原有的灰面尽量一致。

(5) 抹灰外墙面修缮施工管理要点

主要抓好三个环节：

1) 抓好施工前的各项准备工作的落实,这是顺利完成修缮施工的前提。

2) 抓好修缮施工中对工艺要求的管理,特别是分层抹灰的工艺要求,新旧抹灰交接处的处理。因为这些细节是保证修缮施工质量的关键。

3) 抓好对竣工后的养护管理。抹灰工程自身特性的要求就是需要在一定的温、湿度环境下的养护才能保证抹灰质量的达标,稍一忽视这一环节极易造成前功尽弃的结果。

8. 抹灰工程的养护

(1) 定期检查,每年最少检查一次。检查灰皮的脱落情况,对窗台、腰线、勒脚等处的抹灰应注意收头部位,发现裂缝、空鼓要及时处理。发现裂缝、破损要及时修补,以防雨水浸入继续扩大损坏范围;

(2) 不要在抹灰墙面上乱钉、乱凿、乱画、乱贴和乱刻;

(3) 外墙面上安有铁件必须刷防锈漆以防铁件锈蚀遇水污损灰面;

(4) 平屋顶修屋面油毡层时,外檐应注意保护,以免屋檐抹灰被沥青污染。

(二) 石碴类墙面

石碴类饰面是以水泥为胶结材料,以石碴为骨料的水泥石碴浆抹于墙体基层表面,然后用水洗、斧剁、水磨等手段除去表面水泥浆皮。露出以石碴颜色、质感为主的饰面做法。它主要有两类做法:

(1) 剁斧石饰面:它是在1∶3水泥砂浆底灰上,刮抹一道素水泥浆,随即抹1∶1.25水泥石碴浆。石碴为米粒石(粒径2mm)内掺30%粒径0.15~1mm的石屑。抹完罩面层后,采取防晒措施养护一段时间,以水泥强度还不大,容易剁得动而石碴又不易掉的程度为宜,用剁斧将石碴表面水泥浆皮剁去而形成的一种饰面。

(2) 水刷石:水刷石的底层、中层做法和剁斧石法相同。面层水泥石碴浆的配比是依石碴粒径的大小而定,其体积比:当水泥为1时,用大八厘石碴(粒径为8mm)为1;中八厘石碴(粒径为6mm)为1.25;小八厘石碴(粒径为4mm)为1.5。抹完面层后,当水泥浆开始凝结(用手指按略有印,但按不下去)时,用刷子蘸水刷一遍,然后用手压泵压水冲刷面层至石子露出。

(3) 石碴类饰面常见的几种损坏现象

1) 污染:挂灰现象严重,石碴的质感被遮盖了;

2) 石碴颗粒松动掉落。

(4) 损坏的原因

1) 石碴类外饰面表面粗糙极易挂灰;

2) 施工中各类材料配比不准;

3) 施工操作程序在关键部位不到位,如剁斧的时间,用手压泵压水冲刷的时间掌握不对;

4) 平时的检查养护不到位也会造成墙面污损。

(5) 石碴类饰面损坏的修补

1) 石碴类饰面修缮施工准备:

施工准备的重点就是,按修缮方案和材料配比先做出样板,并经专业部门鉴定合格认可,其次就是备好所需材料。再有就是施工工具,如单刃斧、多刃斧、细砂轮、分格条、手压喷浆机、米厘条等。

2) 定期或视积灰程度及时用压力水清洗墙面。

3) 低矮处的松动脱落要及时修补,主要采用掺有提高粘结力的外加剂水泥浆进行加固。

4) 石碴类饰面修缮施工管理要点。

(a) 斩剁前,应在不明显的地方试剁,以斩剁石子不脱落时,再正式开剁。

(b) 注意对施工人员的安全叮嘱,防止石子崩伤人。

(c) 注意抓斩剁效果与修缮方案的一致。

(d) 喷水刷石时,应及时将流至其下部的水泥浆痕清刷干净,防止对其原有面层的污染。

5) 注意抓好新旧接槎处的平整严实和颜色一致的整体修缮效果。

(6) 石碴类饰面的养护

1) 定期或视积灰程度及时用压力水清洗墙面,特别是利用下雨时机用草根刷沾草酸溶液刷洗效果很好;

2) 防止在此类饰面墙乱钉、乱凿、乱涂、乱画。

(三) 镶面类饰面

镶面类饰面是根据某些天然或人造材料具有装饰、耐久、适合于外墙饰面需要的特性,将其加工制成大小不等的板材和块材,通过构造连接或镶贴于墙体表面形成的装饰层。常用的材料种类有:釉面砖、瓷砖、陶瓷锦砖、大理石、水磨石、花岗岩等。

1. 镶面类饰面常发生的几种损坏现象

(1) 饰面材料局部脱落;

(2) 饰面板与结合层粘结牢固,但结合层与基体脱离;

(3) 饰面板与结合层、结合层与基体均粘结牢固但饰面板有裂缝。

2. 损坏原因

(1) 针对现象一的原因主要是:

1) 饰面材料(瓷砖或釉面砖等)使用前没浸泡透;

2) 饰面材料的底面不干净,贴的不实;

3) 贴面材料勾缝不严进水,造成冬天冻胀脱落。

(2) 针对现象二的原因主要是施工质量问题,即没按操作要求做好分层抹灰。

(3) 针对现象三的原因主要是墙身与饰面材料强度变形不一致所致。

3. 修缮加固的方法

(1) 镶面类墙面修缮施工准备

1) 材料准备,主要有三大类:

(a) 按修缮设计要求的水泥、砂子、108 胶、乳液、纸筋等。

(b) 镶贴的符合查勘设计选用的各类饰面如瓷砖、陶瓷锦砖、水磨石板、大理石板、花岗岩板等。

(c) 镶贴各类饰面所用的连接材料如铜丝、钢丝及修饰养护饰面所用材料如草酸、蜡等。

2) 机具准备:

主要有瓷砖切割机,金刚砂轮锯,台式砂轮,橡皮锤,木杠,靠尺板,方尺,水平尺,软、硬刷,棉纱,硬木拍板等。

3) 作业条件准备:

(a) 修补部位的墙面基层已处理完毕(含剔除原破损,与完好部位的接槎也已处理好,补修部位已浇水润湿)。

（b）各类修补用的饰面材料已按修缮方案确定的规格、品种、颜色、质量要求挑选、分类，并分别堆放、苫盖好。

（c）已按设计图做出了修补样板，并经有关部门技术人员鉴定认可。

（d）对于石材料类饰面已按查勘设计方案在基层表面绑扎，焊接了钢筋网（骨架），并与结构预埋件或射钉绑扎或焊接牢固。

（e）已按设计图纸在补修墙面上弹好了饰面位置线。

（2）对于局部脱落可用环氧树脂或建筑胶粘剂粘结，再把缝勾严；

（3）对于结合层与基体脱离的情况可将基底清理干净浇水润湿，按工程做法补修好。对有空鼓但与周围面层连接牢固的情况，可用环氧树脂灌浆方法加固；

（4）对于温度原因产生的饰面裂缝先用环氧树脂修补基体裂缝，后用环氧腻子修补饰面裂缝，注意腻子的颜色尽量和饰面颜色相同。

（5）镶面类饰面修缮施工管理要点：

1）在选补修缮饰面材料时，一定要注意与原有饰面在规格、颜色上的一致，且勾逢颜色也是如此。

2）在镶贴施工中，要注意提醒工人随时清洗已镶贴上的饰面，以免灰浆流淌污染其他部位。

3）镶贴施工是湿作业，要特别注意电动工具漏电情况的发生，要有可靠的漏电保护设备。

4）对成品的保护要细心，在搭、拆脚手架时尤其要小心。

4. 镶面类饰面的养护

（1）可采用观察法和小锤轻击法定期对此类饰面进行检查（每年至少要全面检查一次）；

（2）对于损坏部位要及时进行修补，以免灌水，冬季受冻损坏；

（3）重点检查窗台、腰线等突出部分的稳固情况，此部位易发生脱落、裂缝等情况；

（4）在此类饰面上打洞、钉钉应由专业人员操作；

（5）对大理石板材注意不要把有色液体粘染上，因为它对有色液体易吸收，从而造成饰面污染，另外，釉面砖怕强酸、强碱，擦洗前应稀释再用；

（6）外饰面上如有铁件要刷油漆，以防锈水流到饰面上造成污染。

（四）涂料及油漆类外墙

外墙涂料品种较多，它们的特点是粘结力强、不怕水、耐候性强，常用的有104外墙涂料、彩砂涂料、乙丙乳液厚涂料等。

外墙用油漆要求具有耐火性、耐污染性、耐候性及耐冻融性。它主要用于外门窗、木件、栏杆及金属件上。金属件刷防锈漆和磁漆，门窗、木件刷调和漆和酚醛磁漆。

1. 此类饰面损坏现象

（1）涂料类

1）起皮、浆膜开裂、有片状的卷皮；

2）透底：部分表面浆没盖住底；

3）腻子翻皮、裂纹，刮在基体上的腻子出现翘裂甚至脱落；

4）砂眼、流坠、溅沫等问题。

(2) 油漆类

1) 油漆流坠：在刷完油漆后，在漆面的下部有象串珠一样的漆点或厚漆膜；

2) 漆膜粗糙：刷完的漆膜表面不光、粗糙，漆膜里有灰尘砂粒；

3) 漆膜皱纹：漆膜刷的过厚赶的不匀，收缩后形成许多高低不平的皱纹；

4) 漆膜起泡：漆膜干后，表面出现气泡。起泡的地方油皮与基体脱离；

5) 漆膜生锈：钢铁基面刷漆后，漆膜表面变黄，然后逐渐破裂，出现锈斑。

2. 损坏原因

(1) 涂料类

1) 起皮、开裂、卷皮的主要原因是：基层没清理干净，浆液中胶性过大，浆膜过厚；

2) 透底主要是底色过重或浆液过稀，也可能是涂刷不均；

3) 腻子翻皮、裂纹。主要是基底没清理好，腻子过厚刮的不实；

4) 砂眼、流坠、溅沫的原因主要来自两方面：一是涂料自身质量问题即含有杂质、浓度不够；二是施工准备没做到位，基层处理不到位。

(2) 油漆类

1) 旧浆底的墙面没清理好；木基底没磨平，有灰尘，铁面没打磨好有锈等；

2) 施工环境不符合要求，如大风天施工；

3) 施工操作技术不具备，如涂刷不均匀；施工操作程序不严格，如每遍间隔没掌握好。

3. 修补施工

(1) 涂料类及油漆类外墙修补施工准备

1) 材料准备：按查勘设计要求选用有出厂合格证和性能说明的涂料，油漆及108胶等。

2) 机具准备：分人工或机械两类，前者有铜丝刷，料桶，软毛刷，铲刀，刮刀等，后者有空气压缩机，喷斗，喷嘴，电动搅拌器等。

3) 作业条件准备：

（a）墙面基层已剔凿处理干净，凹坑处已分层补抹平整，并清刷干净。

（b）穿墙管道、雨水管卡等已安装，脚手眼及其他洞口等已用水泥砂浆堵抹好。

（c）已按查勘设计的要求做了涂料、油漆的样板，并得到有关技术部门鉴定认可。

(2) 对于起皮、浆膜开裂应将起皮部分铲除，补腻子重刷。

(3) 对于砂眼、流坠、溅沫要局部铲除重刷。

(4) 修理施工管理要点：

1) 涂料、油漆在室外施工时有严格规定：一是对风力的要求，二是温、湿度的要求，为此做好安排至关重要。

2) 涂料、油漆均属易燃、有毒（程度不同）物品，做好其储放、取用工作也是很重要的。为此应有合适的库房，严格的存取制度及周密的防火措施。

3) 对施工人员要抓培训，以保证涂刷均匀不流坠，从而达到质量目标。

4. 涂料、油漆类饰面的养护

(1) 做好滴水、排水设备和设施的养护，避免雨水从整体外墙面下流造成污染。

(2) 注意经常性的检查，如发现破损及时修复。

(3) 不在此类墙面上乱贴，因为一旦清理往往会损伤这类饰面。

(五) 清水墙面

1. 主要损坏现象

（1）墙面人为污染，如乱贴乱画等；

（2）墙面受潮碱蚀；

（3）磨损较重。

2. 产生损坏的原因

（1）对此类外墙平时养护极少，有相当多情况属"野蛮使用"，如乱拆乱改、乱贴乱画等；

（2）年久失养、失修磨损严重，特别是突出部位、转角部位等经常受到机械碰撞，损伤较大。

3. 修缮施工

（1）清水墙修缮施工准备：

1）材料准备：主要是不低于32.5级的普通水泥或矿碴水泥，洁净的细砂和磨细的粉煤灰及与原砖墙面颜色、规格相同的砖。

2）机具准备：主要有开缝瓦刀、扁子、硬木锤、捩子、长短溜子、钢丝刷及钢錾子和锤子等。

3）作业条件准备：

(a) 墙上的预留孔洞、预埋件和落水管卡子等已处理好。

(b) 门窗框与墙体间的缝隙，已用混合砂浆或其他材料堵抹严实平整。

(c) 修理施工用脚手架及护栏已搭设好。

（2）可进行墙面整体的清洗、粉刷（这里仍用原清水墙面的颜色）。

（3）对轻度碱蚀墙面可采取"掏碱换砖"法或局部抹水泥砂浆进行维修。

（4）可整体考虑将清水墙面改为混水墙。

（5）清水墙饰面修缮施工管理要点

清水墙上的砖缝具有双重功能：一是装饰功能；二是保护功能。尤其后者是通过其密实性起到了挡风、挡雨保护墙体的功能。如果一旦勾缝不严或遗漏，就会造成墙体进水，导致保温、隔热功能下降及墙体受潮碱蚀的危害。所以施工管理重点是不丢缝，特别注意检查窗套与墙交接处，墙上腰线与墙交接的上下边，因为这些部位极易漏勾。

4. 清水墙面的养护

（1）杜绝"野蛮使用"，定期清洗；

（2）清洗时，对无碱蚀墙面才能采用清洗剂。

（六）幕墙墙面

这类外墙面是改革开放以来在公共建筑上采用的一种装饰性外墙面。其中用玻璃幕墙的为多，也有用金属幕墙的。此种外墙均属预制装配式。它是由饰面板、骨架、连接件及填缝材料组成的。一般在质量上是有保证的，但也极易出各类损坏事故。

1. 常见的幕墙损坏现象

（1）局部饰面（或称局部玻璃）破损；

（2）填缝材料施工质量欠佳造成封闭不严、漏风、漏雨；

（3）如果建筑的基础处理不好，可能使幕墙整体存在巨大的安全隐患（目前国内所知实例甚少）。

2. 损坏的原因

(1) 施工中脚手架、工具等坚硬利器的碰撞；饰面（玻璃）固定质量不够，在大风中发生离位破损；

(2) 除了施工中填缝等密封材料的施工质量没做到外，材料自身质量标准达不到（如耐老化、耐温度、湿度变化的能力及塑性性能欠佳）要求，也是填缝材料过早失效的原因；

(3) 幕墙是固定在刚性框架上的脆性构件，当刚性框架发生严重变形时（如不均匀沉降、地震等），这些饰面材料将受到严重挤压，会导致幕墙整体破碎（这在多地震国家就发生过，如日本）。

3. 损坏的维修

应由专业公司使用专用设备、工具去完成。

4. 幕墙的养护

(1) 幕墙应定期检查（许多局部问题均是在专业检查时发现的，如固定不紧、填缝不密实等）；定期清洗（尤其在当今我国多数城市环境保护还做得较差的情况下）；

(2) 幕墙的日常管理，如可开启窗的开启、关闭要定人定责，要抓落实；

(3) 在日常使用中要有专人负责检查漏气、漏水部位，一旦发现，及时安排修理，做到防微杜渐。

二、内墙饰面的修缮与养护

内墙处在温度变化范围小、不受风、雨浸蚀的理想环境中，故它的损坏多由于施工和使用不当原因而致。

（一）抹灰墙面

内墙抹灰分普通抹灰、中级抹灰和高级抹灰三种。抹灰层分为底层、中层和面层，面层的做法有纸筋灰罩面、麻刀灰罩面、石灰膏罩面及石膏罩面。其中后者就是近年来在商品住宅内墙饰面中广为采用的一种，它基本上是在水泥砂浆面层上刮两遍石膏腻子形成的石膏罩面。

1. 抹灰类墙面损坏的主要现象

(1) 空鼓；

(2) 裂缝；

(3) 脱落。

2. 产生损坏的主要原因

基本同于外墙抹灰饰面损坏的原因，只是在人为因素中多了使用不当、保护不当的原因。

3. 修缮的方法

基本同于外墙损坏的修缮方法。

4. 抹灰内墙的养护

(1) 过墙的热力管道一定要有防热胀冷缩的套管，以防管子附近的灰皮破裂；

(2) 搬抬重物、家具要注意保护墙面，以防撞坏；

(3) 发现空鼓、裂缝要及时修补；

(4) 在墙上打洞应由专业工人操作，并及时修补；

(5) 做好向业主的宣传工作，提高业主自身管理的水平。

（二）油漆墙面

1. 内墙油漆的种类和病害

内墙用油漆有清漆、调和漆、磁漆、无光漆和乳胶漆等。内墙油漆工程除外墙油漆工程常见损坏现象外,还有木纹浑浊和咬色两种。前者指:清漆涂刷后应有木纹,木纹浑浊是看不清木纹,漆膜不透明也不光亮。后者指:刷漆时面漆中的溶剂把底漆膜溶化了,使漆膜厚薄不均。

2. 维修方法

同于外墙油漆工程的维修方法。

3. 内墙油漆的养护

(1) 清洗漆面污染时,要用清水或淡肥皂水擦,以免损坏漆膜;

(2) 不要在漆面上乱涂、乱画,不要在其上贴印刷品,以免破坏漆膜;

(3) 不要用拖布等有损漆皮的工具擦油漆墙面,以防损坏漆皮;

(4) 潮湿房间的油漆工程应选用防潮性能好的磁漆;

(5) 搬抬家具重物不要碰撞油漆面;

(6) 有油烟的房间要做好排烟,以防腐蚀污染油漆面。

(三) 裱糊类墙面

把裱糊物裱糊到墙上的墙面称为裱糊类墙面。裱糊物种类有各类壁纸、纤维纺织品和金属箔等。壁纸是裱糊物中使用最广的一种。

1. 裱糊墙面所用材料

(1) 各类裱糊物:如壁纸、壁布等;

(2) 胶粘剂:如胶、淀粉浆糊、纤维素浆糊等;

(3) 腻子:如石膏腻子等。

2. 裱糊工程常见的损坏现象

(1) 起泡,长霉菌,污染;

(2) 壁纸卷边,脱落;

(3) 壁纸起锈斑,变色。

3. 裱糊类墙面损坏的原因

(1) 对于第一种现象,其产生的原因是:环境潮湿,涂胶有遗漏、浆糊陈旧等;

(2) 对于第二种现象,其产生的原因主要是:壁纸浸泡不充分,粘贴不正确,浆糊陈旧过稀;

(3) 对于第三种现象,其产生的主要原因是:墙面有钢钉等没清除,或阳光直接照射所致。

4. 裱糊类墙面损坏的修缮施工

(1) 裱糊类墙面修缮施工准备

1) 材料准备:按修缮方案确定的,备好有出厂合格证的相应壁纸、壁布等裱糊面料,并将合格的粘结材料(各类专用粘结胶)也一并备好。

2) 工具准备:主要有腻子板、铲刀、排笔、线坠、多用刀、油刷、棕刷、胶辊、砂纸、棉纱、注射器等。

3) 作业条件准备:

(a) 上层楼地面经检查不漏水;

(b) 墙面已充分干燥,表面无潮湿痕迹;

(c) 待修补的墙面上有水暖、电器设备的已安装,油漆完毕;

(d) 待修房间顶棚的修缮已完毕,门窗油漆工程已完毕。

(2) 针对第一种损坏,修补时将起泡处用刀裁成十字形切口,放出气体,将纸背面抹上浆糊或胶粘剂后贴好压实,将多余浆糊擦净。塑料壁纸长霉,污染可用肥皂水轻轻擦去。

(3) 针对第二种损坏,应先将壁纸背面抹上胶粘剂,用轧辊滚压贴实;

(4) 针对第三种损坏,应先将壁纸铁件处理,如刷上防腐油漆,漆干后再修补壁纸,并尽量采用窗帘等物遮挡阳光直接照射壁纸。

(5) 修缮施工管理要点:

1) 抓好修缮工程质量的管理。具体就是按裱糊类墙面的质量验收标准接收竣工之活。

2) 注意施工中的防火。要严禁在施工现场抽烟。

3) 禁止在窗台、暖气和洗脸盆等设备上搭设脚手板(施工人员图省事)而损坏室内设备。

4) 抓好对裱糊完墙壁的保养工作。如夏天施工要避免水分蒸发过快,要适当关闭门窗。另外,要防止划碰和污染发生。

5. 裱糊类墙面的养护

(1) 对壁纸应定期检查,发现翘边、起泡应及时修理。平时要经常掸除上边的浮土灰尘。可擦洗的塑料壁纸擦洗时用淡肥皂水或清水;

(2) 壁纸上不要钉钉子,更不要在壁纸上乱涂乱画;

(3) 搬抬家具物品注意保护壁纸;

(4) 室内门窗在下雨天注意关好,平时多开窗通风,防止室内潮湿影响壁纸;

(5) 壁纸怕火烤,不防水壁纸怕水,应注意防火防水,以延长壁纸使用时间。

(四) 罩面板类墙面

罩面板饰面常用于内墙面,用它代替抹灰,既减少湿作业,又能增强装饰效果。

1. 罩面板类墙面常用材料

(1) 罩面板:具体有胶合板、塑料板、纤维板、钙塑板、刨花板、木丝板、石膏板等。

(2) 固结材料与胶粘剂:罩面板与钢木骨架安装的材料有圆钉、扁钉、木螺钉、水泥钉、射钉、金属胀锚螺栓、自攻螺钉等。胶粘剂有聚氯乙烯胶粘剂(601)、聚醋酸乙烯胶粘剂、XX401橡胶胶粘剂等。

(3) 木龙骨和轻钢龙骨:木龙骨多用红白松、墙主龙骨一般为 40mm×80mm;轻钢龙骨有沿顶龙骨、沿地龙骨、竖向龙骨、横撑龙骨,配件有支撑卡、卡托、角托、连接件、固定件,护墙和压条等。

2. 罩面板类墙面损坏现象

(1) 罩面板翘边、裂缝、破损;

(2) 龙骨糟朽;

(3) 罩面板被磕碰、板面污染。

3. 损坏的原因

(1) 安装质量欠佳:表现在安装不牢固,松动,造成板边有变形翘曲的可能;龙骨与饰面尺寸、角度配合不妥,造成板受到不应有的应力作用,这是板开裂的原因之一;

(2) 使用中维护不够,这是板面受污染及磕碰的主要原因;
(3) 板与板之间的缝隙过小,是造成板温度应力大而受损的重要原因。

4. 损坏的维修方法

(1) 对于翘边、裂缝和破损现象要先分析原因再换新板;
(2) 污染的板面要用淡肥皂水擦洗;
(3) 由于潮气造成的板或龙骨糟朽,要在解决潮气源的基础上更换。

5. 罩面板类墙面的养护

(1) 定期检查(每年不少于一次);
(2) 保证室内通风良好,潮湿的房间要经常通风,面板上要设通风通气口;
(3) 油漆的罩面板应定期刷油以保护板面;
(4) 搬抬家具、重物不要碰撞罩面板,不要人为在面板上写、画。

(五) 墙面细木工程

细木工程指:室内窗、门洞口的贴脸板、窗帘盒、窗台板、挂镜线等。

1. 对细木制品的质量要求

(1) 细木制品的树种,材质等级,含水率和防腐处理必须符合设计要求和规定;
(2) 细木制品与基体必须镶钉牢固;
(3) 尺寸正确,表面平直光滑,棱角方正,线条直顺,不露钉帽,无戗槎,刨痕,毛刺,锤印等缺陷;
(4) 安装位置正确,割角整齐,交圈、接缝严密,与墙面紧贴,出墙尺寸一致;
(5) 细木制品安装允许偏差不得超出国家规定的允许范围。

2. 细木制品的养护

(1) 定期检查;
(2) 注意检查窗帘盒、挂镜线的牢固情况,如活动或缺少螺钉,应及时修理;
(3) 窗台下边有暖气的木窗台应有防潮措施,以防翘曲,木窗台上放花盆等易渗水的东西应有防水器皿,以免窗台板受潮腐朽;
(4) 细木制品应定期刷保护性油漆;
(5) 注意墙上细木制品的防碰。

(六) 花饰墙面

花饰工程是将预制成的花饰构件,安装镶贴在建筑物的室内外墙面上,以增加建筑的艺术效果。花饰材料有水泥砂浆的、水刷石的、剁斧石的、石膏的、塑料的、金属的等。按形状大小及重量分,有轻型花饰和重型花饰。

1. 花饰安装方法

花饰的安装有粘贴法、木螺钉固定法、螺栓固定法、砌筑法及焊接法等,它们分别适用于大小、重量、材质不同的花饰安装。

(1) 粘贴法:适用于小型水泥砂浆、水刷石、剁斧石花饰的安装。一般是先清理好基体,然后确定位置,再将基层浇水润湿,后抹水泥浆或聚合物水泥砂浆(花饰背面也抹),与基体粘结,用支撑将花饰临时固定,待砂浆达到一定强度后拆除支撑,修补缝隙。

(2) 木螺钉固定法:适用于形体、重量大些的上述花饰。一般用木螺钉穿过花饰预留孔对准墙上预埋的木砖拧紧,不要用力过猛以免拧坏花饰,安装后用1:1水泥砂浆将孔眼堵上。

(3) 螺栓固定法:适用于大型花饰安装。操作基本同于木螺钉法。只是墙上预埋的不是木砖而是螺母,紧固后也要堵孔。

(4) 砌筑法:适用于水泥制品的花饰安装。砌筑前应先定位放线,砌筑中要砂浆饱满灰缝横平竖直,花饰构件要与墙有可靠的拉结。

(5) 焊接法:适用于金属花饰的安装,一般要核对好尺寸,支好支撑再焊接。焊牢后撤出支撑进行勾缝。

2. 花饰工程的质量要求

(1) 花饰的品种规格,图案必须符合设计要求;

(2) 花饰安装必须牢固,无裂缝、翘曲和缺棱掉角等缺陷;

(3) 花饰表面及花饰基层要洁净、接缝严密吻合;

(4) 花饰偏差允许值符合国家质量标准。

3. 花饰工程的养护

(1) 定期检查;

(2) 注意检查空鼓、螺钉和螺栓的紧固情况,有松动的要及时拧紧,缺少螺母应补上;

(3) 检查花饰的稳固情况,砌筑的花饰有凸出平面的应及时修整或拆砌;

(4) 对花饰污染严重的要定期清洗,裂缝掉角的应及时修补。

第三节 地面的修缮与养护

建筑物的楼地面按构造形式或材料构成可分为:整体式楼地面(如水泥砂浆、水磨石);板块式楼地面(如大理石、花岗石、预制水磨石、釉面砖、水泥花阶砖、陶瓷锦砖等);木地板(如空铺式、实铺式等)等多种。

一、整体楼地面的维修

(一) 水泥砂浆楼地面

1. 地面损坏现象

(1) 起砂:表面现象为光洁度差,颜色发白不结实,表面先有松散的水泥灰,随着走动增多,砂粒逐步松动,直至成片水泥硬壳剥落;

(2) 空鼓:表面现象多发生在面层与基层之间,空鼓处用小锤敲击有空鼓声,受力极易开裂,严重时大片剥落。

(3) 裂缝:水泥砂浆地面的开裂是一种常见现象,裂缝的形状有规则的也有不规则的,缝隙有宽有窄。

2. 损坏的原因

(1) 起砂的原因主要是:水泥强度等级不足,造成强度降低,砂子与水泥胶结差;再有,水泥砂浆搅拌不均匀;还有,砂子过细或含泥量过大;以及水灰比过大;压光遍数不够,压光时间没掌握好和养护不当;"野蛮使用"(拖拉重物、用锐器冲击地面等)也是重要原因。

(2) 空鼓的主要原因是:基层清理不净,有残留砂、泥及污垢等,使面层和基层不能紧密粘结;再有,施工的基层面不够湿润或表面有积水;还有,施工时未做到素水泥浆随涂扫随做面层砂浆,使得面层与基层粘结不实;另外用户自行改造,地面复原不好等也会造成空鼓。

(3) 裂缝产生的原因有三方面:首先,非预应力混凝土带裂缝工作是正常的,所以导致其上面层的开裂也是常见的;第二,预制楼板与其上的抹灰层很难实现变形一致,所以产生裂缝也是极容易的;第三,施工操作、养护、材料配比等不严格也是产生裂缝的主要原因,至于使用不当,如在地面上重敲、用利器磕碰等也会造成裂缝现象。

3. 损坏的维修

上述几种损坏均会程度不同的影响房屋的美观和正常使用,还会发生积水渗漏等问题,因此要及时维修。

(1) 水泥砂浆地面修缮施工准备

1) 材料准备:

(a) 所用水泥应与原地面所用水泥品种、颜色一致,要有出厂合格证并经试验达到不低于32.5级,出厂日期不超三个月。

(b) 砂子宜选粗砂,其含泥量不得超过5%,不含有机质且要经筛后使用。

2) 工具准备:

主要有:抹子、压子、木刮杠、靠尺板、錾子、钢丝刷、锤子、笤帚等。

3) 工作条件准备

(a) 上层楼地面以完成修缮且达到不渗漏要求,拟修地面内的预埋管线、地漏等已安装、检查、修缮完毕,且地漏管道畅通,周围缝隙严密、平整。

(b) 已在墙上弹好水平基准线,作为地面控制水平标高的依据。

(c) 拟修地面的基层清理及损坏部位的剔凿清理均已完毕。

(2) 起砂的维修

用钢丝刷将起砂部位的面层清刷干净,用水润湿后抹108胶水泥浆(108胶:水泥:中砂=1:5:2.5)厚度3~4mm为宜。抹好待砂浆终凝以后,覆盖锯末洒水养护7天。

(3) 空鼓的维修

对局部空鼓、开裂现象,修补时应将损坏部位的灰皮剔净,并将四周凿进结合良好处30~50mm,且剔成坡槎,用水冲洗干净,补抹1:2.5水泥砂浆,当厚度超过15mm时,应分层抹,即留出3~4mm深度,待第一层砂浆终凝后,再抹3~4mm 108胶水泥砂浆面层,并用铁抹子压光,随后进行的养护同于起砂修缮的养护。

若大面积空鼓开裂时应全部铲除整个面层,并将基层凿毛,按水泥砂浆楼地面的施工要求重做。

(4) 开裂的维修

1) 当裂缝细小且无发展时可不进行维修(因为此种情况正常)。

2) 当裂缝少而宽时,可将裂缝向两边加宽剔凿(每边10~15mm),且形成坡槎,然后用补抹空鼓的方法,分层施工并进行同于空鼓修补的养护。

3) 对于预制板板缝出现的面层裂缝,可先将板缝凿开,适当凿毛清理干净,在板缝内先刷纯水泥素浆,然后浇灌细石混凝土,面层抹水泥砂浆压平压光。

(5) 修缮施工管理要点

主要抓两个环节:

1) 杜绝"野蛮"施工,如清理地面的砂浆、灰片、杂物时,不是从楼梯或升降机运出,而是从窗口、阳台向外抛扔。

2) 抓好施工中的安全和养护管理,安全管理是指:在剔凿水泥地面时,应要求施工工人戴防护眼镜,以防崩伤。养护管理要做到洒水养护及对门框的保护,防止小车运料过程对门框的撞击。

(二)现浇水磨石楼地面

1. 地面损坏现象

(1) 石粒显露不均匀,地面裂缝,分格块四角空鼓;

(2) 分格条掀起或显露不清晰、表面不平整;

(3) 表面光亮度差和有较多细洞。

2. 损坏产生的原因

(1) 石子拌和不均匀,基层处理不干净;

(2) 分格条镶嵌不牢或不平整,磨石深度不均匀;

(3) 磨光过程中的二次补浆未采用擦浆而采用刷浆法;

(4) 使用中在地面拖拉重物或敲击地面也会造成地面损伤。

3. 对损坏的维修

此种地面维修比较麻烦,造成损坏的主要原因是施工质量,如须维修时,应严格按水磨石地面施工工艺要求去做。

首先,用合金钢錾子,精心剔凿损坏部位的水磨石地面,有分格条的地面以分格条块为准,并保护好原有分格条;没有分格条的地面,应用大槎子规整,水平方向顺直,垂直方向宜为小坡槎。

还要检查原有找平层,如有松散、空鼓、开裂等现象时,应将其剔除掉。按补抹工艺要求抹好损坏部分的基层、垫层,同时应特别注意接槎处需要涂刷水泥浆,使接槎严密,平整。

最后按原有水磨石地面的颜色,配制新磨石地面面层样板,经检查评定合格后,再刷水泥浆,按样板抹水泥石碴面层。新抹的水泥石碴面层应比原有面层高出 2~3mm,并仔细处理好新旧接槎,再按新的水磨石地面工艺要求进行水磨、打蜡等。

做水磨地面的修补施工时要注意磨石机的漏电保护,施工人员应穿绝缘靴,戴绝缘手套。磨石机应设罩板,防止浆水四溅污染墙面,并及时清理门窗框和墙面上的灰浆。

二、板块楼地面的维修

(一)板块楼地面损坏现象

(1) 板块面料与基层空鼓;

(2) 相邻两板高低不平整;

(3) 板块铺贴出现裂缝。

(二)损坏的原因

(1) 出现空鼓的主要原因是:基层清理不干净,水泥砂浆摊铺不均匀;大理石、花岗岩、预制水磨石块铺贴时结合层砂浆过薄或砂浆不饱满以及水灰比过大;釉面砖、水泥花阶砖铺贴前没有浸水湿润;陶瓷锦砖铺前没用毛刷蘸水刷去表面尘土;水泥膏涂刷不均;塑料地板未做除蜡处理,涂胶不匀或有涂漏之处。

(2) 出现高低不平的主要原因是由于板块本身不平;铺贴操作不当;过早上人行走踩踏或物品重压所造成。

(3) 错缝(或缝子不匀)产生的原因主要是:面料尺寸、规格不一;施工时未严格按挂线标准对缝。

（三）板块楼地面的维修

板块出现上述损坏会影响地面的美观和正常使用。空鼓还造成板块受力不均而断裂。所以要及时进行维修。

1. 板块楼地面修缮施工准备

（1）施工材料准备：

1）按修缮设计要求备好地面饰面板材（瓷砖、陶瓷锦砖、缸砖、大理石等）。其中品种、规格、尺寸、颜色、要符合设计要求。（如最初铺装地面时，考虑了日后修缮需补铺，且当时备下了饰面板材，此时完全可以拿来进行修补）。

2）备好修补饰面板材所需的水泥、砂子，其中水泥用不低于32.5级的普通水泥或矿碴水泥及325号白水泥等，一定要有出厂合格证或试验合格证才能使用，砂子要选中砂为宜，含泥量小于5％，并需过筛后才能使用。

（2）施工机具准备：

主要机具有：无齿锯、锤子、錾子、木锤、抹子、木杠、方尺、硬木拍板等。

（3）作业条件准备：

1）屋面或上层楼地面、顶棚、上墙抹灰、墙裙等修缮工作已完。

2）室内门框、水暖立管、地面预埋件、管道等已安装好，水池、大便器、小便池、脸盆等已安装好且缝隙已堵抹平整并经检查合格。

3）地面超出标高的混凝土、砌体、钢筋等已处理完；墙面已弹好水平控制线。

4）地漏、管道、孔洞口已临时堵好，有预埋电线的要在施工前切断电源。

5）需要提前在水中浸泡的地面饰材（如瓷砖等）要在施工前一天浸泡完毕。

2. 基层的处理

铲下面料，对基层重新处理后，再用胶粘剂重新将面料铺贴好。

3. 面料的要求

对损坏的面料更换重贴。应严格根据不同面料不同施工操作的要求进行施工。特别注意更换新面料时，其质量、规格、色彩、图案应与原面料一致（最好在当初施工时能保留一部分板块以备维修之用）。

4. 修缮施工管理要点

主要是做好保护管理工作。具体有：在剔凿地面时检查工人的防护装备，这里主要是要带防护眼镜，以防崩眼。另一方面是施工的小型手推车（送料用），当进出门时会碰撞门扇、门框，极易对门造成损坏，因此要对门、框、车做好防护工作，再有就是在补修施工后要注意对成品的保护。

三、木地板的维修

（一）木地板的损坏现象

（1）板企口碎裂，板与板的缝隙增大；

（2）板面磨损严重，板厚减薄，节疤外露；

（3）油脂挥发，造成节疤脱落，木筋外露；

（4）木地板挠度过大，有些板条松动、断裂；

（5）地板腐烂。

（二）木地板损坏原因

(1) 失养失修严重；
(2) "野蛮使用"过度；
(3) 严重受潮；白蚁蛀蚀。

(三) 木地板的维修

木地板有架空式和实铺式。其中实铺式又分粘贴和复合木地板两类。复合木地板是集现代科学技术制作的既方便施工，又方便养护、修理的一种应用广泛的木地板形式。它的维修简便在此就不涉及了。本节重点介绍非复合式木地板的维修。

1. 木地面维修施工准备

(1) 材料准备

1) 按查勘设计要求准备好符合含水率要求的木材。其中毛地板材含水率不大于15%；面层板材含水率不大于12%；木龙骨含水率不大于20%。

2) 还要备足可能用到的钢铁配件，如扒锯、钉子等及木材防腐剂。

3) 还要准备按查勘设计要求的石油沥青或焦油沥青。

4) 修补后，面层要用到的调和漆、清漆及石蜡等。

(2) 机具准备

主要机具有：手电钻、手电刨、锯、斧子、凿子、榔头、方尺、水平尺、木锤等。

(3) 作业条件准备

1) 先熟悉设计图纸或修缮方案，并核对现场实际情况。

2) 按查勘设计要求(修缮方案)及现场实际情况制备好各种构配件、垫木、木龙骨(木搁栅)等，并将靠墙、入墙部分涂刷好防腐剂。

3) 备好将放入墙内的预埋木砖等，使将来的修缮施工进行顺利。

2. 架空式木地面的维修

架空式木地面是由木龙骨(木搁栅)和木地板两部分组成，它往往是老式建筑采用的，维修分两部分：

(1) 木搁栅的维修

1) 木搁栅是支撑木地板的"梁"，而它自身又架空于墙上，其端头深入墙中，由于墙可能受潮会导致这部分搁栅腐烂，维修时应先将搁栅临时撑好，锯去损坏部分，用两块铁夹板夹接加固。进墙部分应涂防腐剂(夹板也可选木夹板)。若搁栅头没腐烂，只是开裂，可加铁箍绑扎而不必锯掉。

2) 木搁栅间距过大，可引起木地面挠曲过大。此种情况可在两平行搁栅间加一根搁栅，以增加楼板的刚度，达到消除过大变形的目的。

3) 搁栅材质欠佳，如节疤多，特别有的处在受拉区，在长期受力作用下会产生大的挠曲变形甚至断裂，此时应采用拆换或穿附搁栅的做法，或在其薄弱处采用附加夹板的手段加强其抗弯能力。

(2) 木地板在使用过程中发生局部开裂、翘曲时，开裂可以用补披腻子，然后涂刷地板漆的方法修补；翘曲一般用钉子定牢即可，如翘曲严重时，则应更换新的木板条，如地板受潮腐烂，则应将受潮腐烂的地板调换。

3. 实铺式木地板的维修

对用沥青或其他胶粘剂粘接的木地板出现损坏时，可以把松动的木板条取下，清除板条上及基层的沥青胶,重新用胶粘剂将板条粘接好.铺贴板条时须用力与邻近的木板条挤压严密,并及时用胶皮刮子刮掉挤出的胶液,补好后重新将地面铲平、刨光、涂刷地板漆和打蜡。

4. 木地面修缮施工管理要点

主要管理是抓好两方面的工作:

(1) 抓好防火保安全

重点是三方面:

1) 作业现场远离火源且严禁明火和吸烟,并备足消防器材。

2) 手电钻、电刨、电锯要安装漏电保护器,操作工人要佩带绝缘防护用品。

3) 当班作业完毕,要将木屑、刨花等易燃杂物清运净。

(2) 做好施工现场的支护和监管工作

木地面的修缮可能涉及到梁、搁栅的拆换,需有可靠的支、护措施才能施工,必要时要设安全网,以免落物伤人。

四、楼地面的养护

搞好楼地面的养护工作,对于保护房子的使用功能,延长房屋的使用寿命和保护房屋的美观都有重要意义。在日常养护工作中要做好下面几点:

(一) 建立健全技术档案,做好技术检查工作

通过对房屋楼地面进行的各种检查(有经常性的、有重点部位的,有年度全面的检查等),可以及时发现房屋的病害状态、病害原因,及时进行养护和修缮,防止病害进一步发展,保证楼地面的使用功能。将各种检查资料连同设计、施工资料及使用情况资料装订成册,可以确定维修养护的依据,为修缮管理提供科学数据。

(二) 保持上、下水道不漏不堵

上、下水道的渗漏对地面的损害极大,应定期由专人检查,发现问题及时维修。

(三) 保证室内通风,避免室内受潮

室内地面受潮,特别是首层地面的受潮对各类地面的危害都很大,必须做好室内通风,特别是首层的通风工作。

(四) 不要在楼地面敲击、拖拉物体

因为这是造成开裂和破损的原因之一。

(五) 经常保持好楼地面的清洁

这除了是一种养护外还兼有美观作用,对木地面的漆面保护作用更显著。

(六) 做好白蚁的防治工作

重点是木地面,要在地板下喷洒或涂刷防白蚁的药剂,对裂缝要及时修补,以防止白蚁进入繁殖。

(七) 及时进行小修小补

实践证明及时的小修小补是减轻损失,延长寿命的最有效方法之一。

第四节 顶棚的维修与养护

顶棚一般有直接抹灰式顶棚和悬吊式顶棚。前者与抹灰类墙面做法类似,后者则复杂些,它又分为悬吊抹灰与悬吊骨架铺装饰面板两类。将顶棚维修养护好,对房间的美观舒适

影响很大。

一、直接式抹灰顶棚的维修与养护

直接式抹灰顶棚被广泛采用,它的施工方法基本同与墙面的普通抹灰,有些损坏表现也很类似。

(一) 这类顶棚损坏的具体表现

(1) 抹灰层的空鼓;

(2) 抹灰层的开裂和脱落。

(二) 产生损坏的原因

(1) 楼板的板缝灌的不严密,抹灰层收缩不一致,造成顺板缝开裂;

(2) 预制楼板板底不平,抹灰时薄厚不均,形成收缩裂缝;

(3) 现浇钢筋混凝土楼板,下表面的脱膜剂、油污及浮在上面的杂物没有清理干净,造成抹灰层空鼓或开裂;

(4) 楼板下皮过于光滑,抹灰前没有凿毛,使抹灰层粘结力减小,造成抹灰层空鼓或脱落。

(三) 维修的方法

按下面五步完成修缮工作:

(1) 直接式抹灰顶棚修缮施工准备

1) 材料准备:

主要有:抹子、靠尺板、方尺、水平尺、锤子、錾子、钢丝刷等。

2) 机具准备:

主要有:纸筋灰或麻刀灰,不低于 32.5 级的普通水泥且经过检验合格,过了筛的中砂等。

3) 作业条件准备:

(a) 屋面顶板或上层楼地面已完工,经检验不漏。

(b) 已切断了电源,摘掉了灯具,拆除了旧的明装电线,新布的电线已埋设好。

(c) 穿过顶板的立管(套管)、孔洞口处已用 1:3 水泥砂浆分层补填平整。

(d) 板面突出的混凝土、灰浆等已剔凿平整,清刷干净。

(2) 先将待修补的地方彻底清除干净,对光滑的表面要凿毛。

(3) 抹底灰前,应先将基层撒水润湿,刮一层厚度为 1~2mm 的素水泥浆,刮时要从墙角开始,在垂直于板缝方向来回刮压,将水泥浆挤入混凝土的毛细孔中,随刮水泥素浆随抹水泥,用水泥:石灰:砂子=1:3:9~10 的混合砂浆抹找平层,厚度在 10mm 左右,并用木抹子搓平压实。

(4) 待找平层达到六、七成干时罩面,罩面可用纸筋灰或麻刀灰。

(5) 抹灰层干燥后,按要求涂刷大白浆或涂料等饰面。

(6) 直接式抹灰顶棚修缮施工管理要点:

1) 要保证施工用脚手架搭设的质量,其中重点是:若用高凳则需把其"腿"绑扎牢,且腿底要有防滑胶垫。脚手架高超过 3.5m 则要由专业架子工来搭设。

2) 保证施工安全的另一要点是:作业处要是紧邻着大窗时,应先关严窗扇再施工。

3) 地漏、灯头甩线等应提前妥善保护,防止堵塞或影响施工工作。

（四）顶棚的养护

(1) 对穿楼板的热力管道必须安装套管，以避免热胀冷缩对管线附近的顶棚产生破坏；

(2) 防止地面渗漏影响抹灰顶棚的形象和稳固；

(3) 在顶棚内预埋电线等物要由专业人员去做；

(4) 抹灰顶棚很怕潮湿，应注意室内通风。

二、吊顶的维修和养护

吊顶是由龙骨和罩面板组成。常见的龙骨有轻钢龙骨、铝合金龙骨和木龙骨。常见的罩面板有各类石膏板、矿棉板（岩棉板）、吸声板、玻璃纤维板、胶合板、钙塑板、塑胶板、加气水泥板、各种金属饰面板等。

（一）吊顶损坏现象

(1) 抹灰（浆）处脱层、干裂或受到污染；

(2) 罩面板挠曲变形、缺棱掉角、变色；

(3) 龙骨变形，整体吊顶面出现裂缝、下垂。

（二）损坏现象产生的原因

(1) 抹灰刷浆前基层没清理干净，使用中遭到烟熏或上层渗水的污染；

(2) 罩面板多数怕受潮，当上部渗漏就会引发罩面板挠曲变形，质量欠佳的罩面板材稍受外力即会产生裂、断，同时外界环境的变化，如温度、湿度的变化，对多种类型的罩面板都有一定的影响，使之产生一定的物理、化学变化；

(3) 龙骨设计不准确，顶棚荷载过大，或吊杆与结构连接、锚固不牢，这些原因会使整个顶棚龙骨变形，导致罩面破坏。

（三）吊顶损坏的维修

1. 吊顶修缮施工准备：

(1) 施工材料准备

1) 备好轻钢龙骨或铝合金龙骨（包括主龙骨、中龙骨、边龙骨），这些龙骨的品种、型号、规格要符合查勘设计要求，并有出厂合格证。

2) 备好轻钢连接件、快固吊件、吊挂件吊环、主次龙骨连接件、吊筋等，其品种、型号、规格应符合查勘设计要求且有出厂合格证。

3) 备好所用的各类轻型饰面板，如纸面石膏板、岩棉装饰板、压花石膏板、矿棉吸声板等，并应有产品出厂合格证。其品种、型号、规格、符合查勘设计要求。

4) 备全钢丝吊筋、膨胀螺钉、自攻螺钉、乳液、面衬布条、石膏粉、滑石粉等。

(2) 施工机具准备

主要有：冲击钻、电钻、射钉枪、型材切割机、螺钉旋具、多用刀、木靠尺等。

(3) 施工作业条件准备

1) 屋面防水及上层楼地面修缮工程已完工，并经检验不漏。

2) 顶棚内的通风、消防管道、音响照明线路等已安装完，并经检验合格。

3) 拆除或新吊顶棚施工前，要切断顶棚及室内电源，并要做好安全、技术处理。

4) 吊顶修缮施工前，墙面修缮的底子灰要抹完，与吊顶同一平面的装饰（如窗帘盒等）要安装完。

2. 对上部楼板渗水原因造成的顶棚损坏，要先修缮好楼面，再重做损坏部分；

3. 对损坏的罩面板可采用逐块更换(往往悬吊式顶棚每块罩面板均为独立的,因此较容易拆换);

4. 龙骨下垂要认真检查吊杆的连接,对受力偏大的吊杆要增多吊点,分散荷载;

5. 对顶棚内遮挡的各类设备要认真检查,看渗水是否发生在这类设备上(如防火喷淋系统),如若是这个原因应先解决其渗漏后,再修补破损的吊顶。

6. 吊顶修缮施工管理要点

(1) 吊筋、吊件及纵横龙骨连接牢固可靠是施工管理的重点,其检验的方法是开、关门窗时,顶棚不得有抖动现象。

(2) 顶棚修缮的最后是安装饰面板,在安装前应对顶棚内的管线设备进行试风、试水、试气等检验程序,合格后,再安装饰面板。

(3) 施工时所有电动工具要有漏电保护,施工照明应使用低压安全灯。

(四) 吊顶的养护

1. 对吊顶应定期检查,着重检查龙骨有无变形、下垂情况,有问题及时修缮;

2. 检查罩面板是否有翘边、裂缝、破损等现象,发现后弄清原因及时修补或更换;

3. 检查吊顶内的所有空调、消防、电力、电讯设备是否漏水、漏电,检查时要注意对吊顶的保护;

4. 保持室内通风良好,避免吊顶受潮。

本 章 小 结

房屋装饰、装修部位是日常最容易出现损坏的部位,且大部分碎修(小修)都在这些部位,它是物业管理修缮工作经常遇到的内容。本章全面、细致的对各部位、各种类型的维修养护做了全面、系统的归纳。同学们应抓住"现象——→产生的原因——→维修方法——→养护知识"这一贯穿全章的主线去学习。

复 习 题

1. 各类门窗损坏的现象、原因是什么?
2. 各类门窗养护的要点是什么?
3. 外墙饰面的种类有哪些?
4. 内墙饰面的种类有哪些?
5. 外墙饰面养护要点是什么?
6. 内墙饰面养护要点是什么?
7. 外墙饰面损坏原因是什么?
8. 内墙饰面损坏原因是什么?
9. 说出整体式楼地面种类及损坏现象?
10. 说出板块式楼地面种类及损坏现象?
11. 楼地面的养护要点是什么?
12. 顶棚的养护要点是什么?

第八章 房屋附属设施养护管理

房屋的附属设施很多,使用最多的主要有阳台、雨篷、通风道、垃圾道、楼梯、门厅、过道、台阶、散水等。这些附属设施一般都是房屋的公用设施,而且对整个建筑物的使用功能、美观、甚至安全都有重要作用,因此加强对这些附属设施的养护管理是十分必要的。

第一节 阳台、雨篷的养护管理

一、阳台的养护管理

阳台主要是为了给在楼房生活、工作的人们提供一个户外活动的空间,使人们在楼上也能接触到新鲜空气和阳光,有利于人们的身心健康。阳台的结构形式多为悬挑结构,对承受的荷载有严格限制,否则,会出现断裂、倾覆的危险。阳台对整个建筑物的美观也有很大影响,因此有必要加强对阳台的使用和养护管理。

(一)对阳台要定期进行安全检查

检查每年至少一次。检查的时候应认真做好记录,对其完好程度及技术状况加以说明,发现不符合使用要求,有安全隐患、损坏的现象,要及时纠正和加固。

具体检查的重点是:

(1)实际使用情况是否符合要求,有无超载,如堆放重物煤、建筑材料、书等,要严格禁止此类情况发生,为此可采用强制性手段;另外阳台是否私自拆改,若对结构产生不利影响,也要及时纠正。

(2)阳台板、梁是否有裂缝,栏板、栏杆是否有损坏。

(3)阳台泄水孔是否畅通,阳台抹灰面是否有损坏等。

(二)经常向用户宣传正确使用阳台的知识和有关规定

不少城市都有对阳台使用安全、整洁要求的规定,完全可以借此提高用户思想认识,健全管理规章,并应有必要的行政手段来制止阳台的危险使用。

(三)阳台的维修与改造

阳台的维修要由物业管理单位负责,阳台的改造也应由物业管理单位委托专业设计、施工单位对整幢房屋的阳台统一进行。

总之,阳台的养护管理是一件认真细致的工作,既需要物业管理人员做大量工作,更需要广大用户的配合,只有全体用户都认识到它的重要性,不去人为损害它,破坏性地使用它,才能保证阳台的安全可靠,从而延长阳台的使用寿命。

二、雨篷的养护管理

雨篷主要作用是挡雨,一般用于大门上面和顶层阳台上面。雨篷的构造和结构形式与阳台基本一样,除了大型公共建筑大门处的门廊外,一般均采用悬挑结构。雨篷的作用是挡雨,它的设计承载能力大大底于阳台,因此要严禁在雨篷上面堆物。在居住建筑中有些住户在雨篷上堆杂物,放置空调室外机,甚至一些孩子在其上玩耍都是应严禁的。而雨篷经常发生的问题是泄水孔被尘土、树叶、杂物堵塞造成积水,进而易引起墙身进水问题,因此要定期检查、清扫。雨篷的其他养护管理要求,同于阳台。

第二节 通风道、垃圾道及各种管道井的养护和管理

一、通风道的养护管理

通风道的作用是换气通风,主要用于厨房、卫生间的通风,尤其是当厨房、卫生间是暗房时必须设置通风道,以利于厨卫间的通风换气。

通风道使用的材料种类很多,现在一般住宅中用的最普遍的是预制钢筋混凝土风道管、砖砌风道等。

通风道的构造一般为垂直设施,每个房间均应单独设置通风孔和垂直通风道,垂直通风道一般直出屋顶,并加设风帽以防雨、防尘、防坠物。

通风道在使用和养护管理中,重点做好三方面的工作。

(一)正确的使用通风道,保证其使用功能

(1)用火炉取暖的房屋,不允许将通风道当烟囱使用,否则将影响其他用户的使用,并使浓烟灌入其他用户房间,损害他人利益,还易引发煤气中毒、火灾等严重事故。

(2)不能随意将通风道封堵,使通风道失去作用,造成此种情况的原因,往往是个别用户未安装抽油烟机和换气扇,当别人家的油烟通过自家的通风道口时,感到了"串味",为此将自家的通风道堵死。殊不知,各家的通风道是一条垂直通道。一家从中横堵后或不是有意识的横堵,但没堵好,造成了"横堵",就使各家的通风道均不通了。为此要求各用户均应安装抽油烟机和换气扇。

(3)不允许在通风道上乱打硬凿,钉钉子给通风道造成损害。

(4)避免从楼顶往通风道扔砖石,造成通风道堵塞破坏,尤其要教育小孩。

(5)通风道挂满油腻和灰尘时要及时清理,以免通风道失效。

(二)定期检查,发现问题及时清理和维修

(1)逐层逐户对每一根通风道使用情况及有无裂缝、破损、堵塞等情况进行检查,发现不正确使用通风道的行为要及时制止,发现损坏要认真记录,及时修复。

(2)在楼顶通风道风帽处,测通风道的通风状况,并用钢丝悬挂大铅锤放入通风道,检查通风道是否畅通。

(3)通风道发现的小裂缝可用素水泥浆填补,较大的裂缝可用1∶1水泥砂浆填补。严重损坏的在房屋维修安排上要尽快更换。

(三)物业管理部门应该做好宣传教育工作

大力加强对用户的宣传教育,使用户能够自觉维护通风道这种设施。

二、垃圾道的养护管理

垃圾道是住楼用户倾倒垃圾的通道。近年推广垃圾袋装化,无论是居住建筑还是公共建筑,使用垃圾道倾倒垃圾的建筑是越来越少了,但对于部分仍使用垃圾道的建筑,对垃圾道的养护管理仍是须了解的。

(一)注意事项

垃圾道以砖砌成或钢筋混凝土的最为普遍,它的使用和养护管理要注意几点:

(1) 一些体积较大或长度较长的垃圾如:破纸箱、破筐篮、木棍、竹竿、旧棉絮等不要扔进垃圾道,应直接送到楼下。

(2) 倾倒垃圾处应备一把扫帚(或自带),随时把洒落垃圾斗周围的垃圾清扫干净,用扫帚可以容易地将垃圾斗上的垃圾推送入垃圾道,从而避免用铁簸箕使劲敲打振落垃圾,造成垃圾斗损坏。

(3) 垃圾道堵塞要及时疏通,方法是由底层向上疏通,不要在垃圾道上砸洞。

(4) 不允许在垃圾道内燃烧可燃物以免引起火灾和损坏垃圾道。

(5) 居住建筑的垃圾道往往设计在楼梯间墙角处,当搬运物品时应尽力避免撞垃圾道、垃圾口。

(二) 定期检查

每年结合房屋普查,要对垃圾道进行全面检查,发现损坏认真记录,及时修复。垃圾道易出损坏的部位有三处,即垃圾斗、出垃圾的门、使用多年的垃圾道内壁。内壁极易积聚污物,污物对内壁有很大的腐蚀作用。针对这三个部位要及时修复才能保证正常使用。

(三) 养护及修补

垃圾斗、垃圾门每2~3年重新油漆一遍,以防钢板锈蚀,减少使用寿命。垃圾道出现小的破损要及时用水泥砂浆或钢筋混凝土修补,否则由于污物浸蚀,每天受垃圾振动冲击,损坏处会很快发展扩大。

三、各种管、线井的养护管理

现代化的建筑,各种功能越来越多,而维持这些功能的设备管、线也必然会多,暴露在外影响美观、使用,而埋于墙或板里由于多也埋不下,同时也不便于维修。所以现代建筑中各类设备的管线往往集中起来,设置到相应的竖向管线井内。这些"井"往往是安装好各种管、线后隔层或层层封堵的,其井壁较薄,位置多在楼梯间内。所以其养护主要应注意对检查口(门)的保护,对安装固定件的保护,特别是搬运重物时候要小心,避免碰撞比较脆弱的管、线井壁,造成破损,对发现的损坏要及时修补。针对老化及截面小的电线应及时更换,靠近电线的管道渗漏应及时修缮,避免短路造成事故。

第三节 楼梯、门厅、通道的养护管理

楼梯、门厅、过道等都是房屋中的公共交通通道,是房屋的重要组成部分,对房屋使用的便利、舒适、耐久、安全,起着重要的作用。这些部位必须坚固、耐久、安全,还要有良好的采光和通风,同时面积和宽度要符合使用设计要求。为此在养护管理中要注意以下几方面:

(1) 不允许占用公共通道来堆物、做饭、停放自行车等,以免通行受阻,在紧急情况下影响疏散,此外也容易损坏和污染公共通道。

(2) 要及时维修公共通道中易损坏的门、窗、墙面、地面等部位,保持通道的正常使用功能。

(3) 定期对楼梯的重点部位进行安全检查,这些重点部位是:楼梯梁、平台梁、平台板及与他们的支撑相连的部位。检查可请专业工程人员进行,因为这些部位是楼梯的承重构件,安全与否至关重要。发现损坏要及时委托专业部门鉴定修缮。

(4) 少量还在使用的木楼梯、木栏杆等构件,如发现腐朽,严重损坏,在修缮时应尽可能用混凝土或钢结构代替,尚可使用的应及时加固维修。

(5) 楼梯的栏杆、外廊的栏板,用混凝土做的,损坏可能有断裂、倾斜、变形等情况;用砖砌的,损坏可能有裂缝、松动、变形等情况;用金属做的,损坏可能有开焊的情况。前两种要及时加固或拆掉重做或重砌,后者要及时补焊,消除隐患。

(6) 由于是公共交通设施,要特别加强对用户的法制道德教育,提高用户的素质,使广大用户明白:一旦发生意外,楼梯是人们逃生的通道,现实存在的各种侵占楼梯、通道的行为最终受害的是用户自己。

(7) 物业管理单位必须健全有关规章制度,加强维护管理,为了延长公共部位的使用寿命,为了这些部位的正常使用,也为了所有业主的生命安全,必须要有一套强有力的管理措施。

第四节 台阶、散水的养护管理

台阶、散水的构造很简单,也没有什么高深复杂的维修技术,但它对整个房屋的正常使用及延长房屋使用寿命却起到不容忽视的作用。散水坏了,地表水将下渗房子的基础,直接影响房屋基础的寿命。为此要加强平时的养护管理,及时修复损坏部位。

一、台阶、散水经常出现的损坏现象

1. 台阶附近散水与外墙开裂:为了避免产生不均匀沉降,台阶、散水与建筑物外墙间都留有沉降缝,在缝中用沥青砂浆嵌缝。但时间一长由于沉降不同及沥青老化,很多散水、台阶会与外墙脱离形成裂缝,造成渗水。

2. 由于基底土壤沉降、坍塌,造成台阶、散水空鼓、倾斜、开裂。

3. 台阶、散水都是刚性材料建造,常年室外风吹、日晒,经热胀冷缩作用极易开裂。

二、损坏现象产生的主要原因

(一)多数为施工质量不好造成

1. 基层夯填不实或没分层夯填。

2. 混凝土、砂浆强度等级不够。

3. 散水没按规定长度分缝。

4. 施工此部位往往在冬初时期,夜间极易产生冻害,而施工保护没重视,造成混凝土、砂浆达不到强度。

(二)平时养护、使用不当造成的损坏

1. 对台阶、散水重要性认识不足,失修失养。

2. 随意损坏散水(如搞绿化等)。

三、损坏的维修

(1) 台阶、散水与外墙的沉降缝开裂,应及时用沥青砂浆填补嵌缝。

(2) 对台阶、散水下的空鼓应及时加固基底,填补空洞,通常可采用素混凝土或级配砂石捣固。

(3) 对施工质量不高或热胀冷缩造成的台阶、散水开裂、抹灰脱落等,可根据裂损程度不同分别用素水泥浆灌缝,用比原抹灰标号高的水泥砂浆补抹脱落部分。

四、台阶、散水的养护管理

(1) 物业公司验收房屋时,台阶、散水等设施也要做为一个单项认真验收,特别要注意楼房四周基础回填土有无夯填不实、坍塌现象,台阶、散水有无空鼓、断裂现象。如发现问题要请施工单位修复才能验收。

(2) 在房屋定期检查时,要对台阶、散水的状况认真检查,要重点检查台阶、散水基底土壤有无塌陷、空洞,特别是竣工五年来的新建筑更要格外注意。

(3) 对平时发现的各类损坏情况要及时修补,防止损坏部位发展、扩大。

(4) 纠正重修轻养的错误意识,杜绝不到出现大的损坏谁也不去管的现象,牢牢树立起管、修、养并重的指导方针,要真正做到养重于修、管重于养、防患于未然。

本 章 小 结

阳台、雨篷、通风道等设施突出的是安全、科学的使用。而楼梯、门厅、通道、台阶、散水突出的是其使用的公共性,因而引出应加强对使用者的宣传教育,同时对管理者提出了提高认识,遵循管重于养、养重于修的原则是本章的核心思想。

复 习 题

1. 阳台管理的主要方法?
2. 雨篷管理的主要内容?
3. 通风道的构造特点?
4. 通风道的管理要点?
5. 对门厅、过道、楼梯的管理要点?
6. 台阶、散水损坏的主要原因?
7. 本章提出的对养护、维修的管理思想是什么?

第九章 房屋修缮施工与技术管理

除了经常发生的小修工作外，中修、大修工作，物业公司一般均要委托专业鉴定、设计、施工单位来完成。而此前物业公司的主要工作是：在鉴定单位做出的鉴定意见基础上，做好维修的方案、施工计划与修缮概算，并在施工过程中配合好施工单位，完成自己应做的辅助工作（如做好必须的用户迁出，现场准备等），需要的话，委托监理单位替自己完成对工程质量、进度、投资三大控制。至于维修方案如何做，修缮管理应抓的重点是什么，这些就是物业公司必须学习的内容。

第一节 房屋修缮的施工管理

一、房屋修缮施工管理的概念及主要内容

（一）房屋修缮施工管理的概念

房屋修缮是指房屋在使用中，由于人为的或自然的损坏，产生各种各样的缺陷，从而丧失或逐步丧失其使用功能，通过对这些缺陷进行修复或加固，使其恢复或部分恢复功能的过程。

房屋的修缮工程，按房屋损坏的程度分为碎修（小修）、中修、大修及拆、改、重建等。房屋的修缮就是针对产生的各类缺陷，具体通过采用不同修复手段，按规定的工艺要求，在科学施工管理的基础上，使房屋恢复设计要求达到的使用功能所进行的活动。

修缮工程分三个阶段，即定计划、查勘设计并做出预算和修缮施工三阶段，物业公司应根据房屋损坏情况、修缮费用情况和待修房屋的数量，科学制定修缮项目计划；根据计划安排专业查勘、设计；在修缮设计图纸的基础上制定修缮施工方案，做出修缮预算；依据施工方案完成修复加固的具体任务。由此看来施工是使计划变为现实的关键一环，做好这一环的管理工作就是至关重要的了。

（二）房屋修缮施工管理的主要内容

（1）落实任务，签定承包合同，这里包括委托查勘、设计、监理合同；也包括修缮施工承包合同。

（2）进行开工前的各项业务和现场施工条件的准备，保证工程如期开工。

（3）按施工方案监督（督促）施工，亲自或委托专业公司对施工过程全面协调、控制。

（4）加强施工现场的平面管理，合理利用空间，保证良好的施工条件。

（5）组织工程的竣工验收。

修缮施工管理是一项综合性很强的管理工作，其中包含各种专业管理内容，而施工管理在此是起到协调和组织各专业管理的作用，没有专业管理，修缮施工就失去了支柱；没有修缮施工管理，专业管理会各行其是，影响整体性，所以修缮施工管理是各专业技术管理和内外环境管理的总协调和总指挥。

二、落实施工任务,签定承包合同

按市场运行机制,采用招投标方式落实各项施工任务,是保证修缮施工质量、进度、效益的正确方式。在签定合同前,物业公司应清楚自己应该完成的准备工作。

物业公司凡委托进行的中修及中修以上的修缮工程,自己的地位都是发包方。即代表业主去招标,它应清楚知道自己具备什么条件才能搞招标(或发包):

(1) 具备修缮工程的查勘、设计图纸,设计变更文件、洽商记录等有关资料;

(2) 修缮工程概算、施工图预算及标底已经批准确定;

(3) 所需资金已获准使用;

(4) 必要的施工条件可以在规定日期前准备就绪;

(5) 懂得(也称自己可以操作)整个招标工作或委托专业咨询企业代替自己完成招标工作。

合同一经签定,即具有法律效力。合同双方必须履行合同中规定的责任和义务。

三、施工准备工作的管理

施工准备工作是施工全过程的先头工作,它的好坏关系到后面施工的顺利与否。它包括技术准备、生产准备、现场准备、物资准备等。生产准备、物资准备往往在大、中修项目中不需物业公司完成,而技术准备,如各类查勘资料、修缮设计图纸等,现场准备,如用户的临时迁出、现场维持等均需物业公司参与。具体要做如下工作:

(1) 大型修缮工程要了解施工区域的场地情况、环境、周围邻房情况,搜集施工区域内的地形图交给施工单位;

(2) 按合同规定的进度、数量要求,交付给施工单位修缮施工图纸及相关资料;

(3) 接通水源、电源、排水通道,并尽可能向施工单位提供临时用房;

(4) 对小修工程要提前写出施工说明、编制好修缮预算,与业主做好思想沟通,使之配合施工顺利进行;

(5) 对各类修缮工程所用的各种原材料的检测方法、地点要在开工前明确下来,以保证修缮工程的质量;

(6) 在施工前应与施工单位协商,在保证质量的前提下,充分合理的利用旧料,以达到降低工程成本的目的。

总之,对修缮施工准备工作要特别做好三个方面:

第一,做好设计与施工的结合,施工单位若能参与查勘阶段的工作,并提供修复或加固的意见及具体的工艺做法,可以加快设计单位的出图。

第二,室内准备与室外准备同时进行,可大大加快准备工作的速度。

第三,做好土建工程与其他工程(设备装修等)的相互配合可以大大提高修缮速度和质量。

四、施工阶段的管理

施工阶段的管理是把修缮计划、方案变为现实的管理阶段,它要充分了解不同规模的修缮特点,才能做好施工阶段的管理工作。

(一) 大型修缮工程施工阶段的管理

大型修缮工程规模大、技术复杂,施工阶段必须有一个强有力的指挥管理机构,以尽快解决施工现场出现的各种矛盾和问题,重点管理内容有这么几项:

1. 检查计划和合同的执行情况;资源使用的平衡情况;时间、空间的利用情况,其目的是确保计划的完成。

2. 及时发现和解决现场出现的矛盾,协调好各方面的关系(各工种、各施工单位、施工单位与用户等)。

3. 认真检查安全隐患,全力避免事故发生。

4. 重点关注修缮工程中的关键工作,确保关键工作所需的人、财、物资供应。

5. 竣工收尾时期要全力介入,确保工程按期完成。

(二) 中修工程(又称一般修缮工程)施工阶段的管理

此类修缮工程规模较小,难度也较小,相比较好管理。重点抓以下几项管理工作。

1. 抓按施工方案中确定的修缮方法及工艺要求去施工。

2. 此类施工现场往往业主在使用,因此要特别做好现场的文明施工工作。

3. 建立现场管、修、住三结合的现场管理组织,及时听取用户的反映,把施工和使用的相互干扰降到最低,对属施工的质量问题,要及时予以回修或返工。

(三) 小型修缮工程(又称碎修)施工阶段的管理

此类修缮工程的特点是:单一工程量小、涉及的工种全、发生率高、普遍性高,属于一种群众性很强的服务便民工作。应重点加强下面五项管理工作:

1. 根据用户反映和查勘结果,先确定小修工程要采用的安全措施,此措施必须可靠,以防发生事故。

2. 要按修缮施工说明或小修任务单中的规定,落实修缮内容中的工程数量,做到不甩项,不漏项。

3. 根据小而全的特点,安排一工多能的工人上岗操作并严格质量标准检查,这样可以提高修缮速度,降低修缮费用。

4. 制定出受业主认可的便民服务制度,做到水、电急活不过夜和夜间水、电值班制。

5. 经常听取用户意见,总结维修服务中的问题,提高服务质量。

五、竣工验收阶段的管理

修缮工程完工后,要根据《房屋修缮工程质量检验评定标准》,由修缮施工单位先进行自检,也称预检。包括对修缮的所有内容进行全面检查并做好记录。如发现质量问题要及时组织返修,但要限期解决。当上述工作完成后,才能组织竣工验收。竣工验收要由发包方、设计方、施工方三方共同参与。按《质量检验评定标准》、设计要求及自检记录逐项进行。在这一环节管理的重点是:

(一) 工程质量的检查

1. 大修工程应按分项、分部、单位工程进行划分,重点检查分项、分部工程的质量评定记录和有关资料。

2. 对单位工程的砌墙、抹灰、装修、卫生设备、给排水及场地的余料弃土等进行宏观检查。

(二) 检查各项技术资料是否齐全

应查的有三类资料:

1. 工程合同;

2. 修缮设计、修缮方案及技术说明;

3. 图纸会审交底记录,设计变更鉴证。原材料试验资料、隐蔽工程记录、房屋设备记录等技术资料。

（三）竣工验收标准

（1）检查修缮内容是否达到合同要求或修缮设计、方案提出的要求。

（2）检查修缮部位是否达到使用条件：如门窗形状是否正常、缝隙是否严密,灯是否亮,水是否通、排水是否畅,场地是否洁等。

（3）检查各项资料是否齐全、完整。

（4）对要求提交竣工图的是否已提交。

以上的管理内容对于大、中、小修的竣工验收均适用,只是对于不同规模的修缮,竣工验收的侧重点稍有不同。

第二节 房屋修缮的技术管理

房屋修缮的技术管理,针对管理对象有不同的管理内容。对于施工企业来说,是对修缮工程中各项技术活动(如:对施工图纸的熟悉和会审,做出施工预算,编制施工组织设计文件,对各类原始资料的调查、收集、分析等)所进行的科学管理的总称,它是施工企业管理的重要组成部分。而对物业管理企业来说(即修缮施工的发包方),它的技术管理含有三个主要内容。其一是委托专业单位进行查勘鉴定、设计,完成修缮施工的第一步技术工作;其二是根据房屋修缮定额对修缮工程做出费用估算(概算)编制施工招标标底及修缮方案。这些工作物业公司自身有能力,可以独立完成,对于复杂、大型的修缮项目也可委托专业单位来完成;其三就是对物业企业修缮技术人员的管理使用。

一、修缮施工的查勘鉴定与施工图设计

对于物业公司来说,一般中、大型修缮往往要先由专业鉴定单位做出损坏情况鉴定,鉴定工作重要的是做好如下几项工作：

（1）结构性损坏关系到房屋使用安全,故必须查清,如基础、墙柱、梁、板、梯等。这些部位的损坏情况,特别是损坏程度要由专业鉴定单位做出。

（2）有些损坏是要不断观测的,它是变化发展的,且有可能用到一定的观测设备,要做出观测记录,最终也要由专业单位做出相应的结论。

（3）损坏鉴定一定要做好全面深入的调查,这是物业公司专业技术人员首先要做的工作。调查就是找到损坏的原因,区分是人为损坏,还是自然损坏或设计、施工问题,做到心中有数。修缮施工图一般要委托专业设计部门完成,物业公司的主要任务是组织好对施工图的会审交底工作。

二、编制修缮方案

物业公司对于不太复杂的中、小修工程应该具备编制修缮方案的能力。修缮方案包括的内容、编制的依据、编制的步骤如下：

（一）修缮方案包含的具体内容

1. 损坏情况概况

（1）损坏的部位、现象;

（2）损坏原因(通过查勘、调查、分析后);

(3) 损坏发生的时间及最不利后果的阐述。

2. 修缮施工方案

(1) 提出符合实际情况的修缮方法(可以多考虑几种,为了从中择优);

(2) 提出修缮工作开始的起点及流向;

(3) 提出要用的设备、机械、工种、数量;

(4) 提出需要临时迁出的用户及涉及到施工的有关其他内容;

(5) 提出可利用的旧料及替代材料。

3. 修缮施工的计划

(1) 估算时间;

(2) 估算工料;

(3) 估算费用(用修缮定额估算)。

(二) 修缮方案的作用

(1) 物业公司自己完成修缮施工时,该方案即为指导修缮施工的依据。

(2) 委托施工单位完成修缮施工时,该方案是物业公司确定施工招标标底及与施工单位签订合同的主要参考。

三、对物业公司修缮技术人员的管理、使用

物业公司要有长远、全面的发展规划,要引进和培养能胜任一般乃至大型修缮工程技术管理的专业人员。要求他们有专业知识和实际经验;看得懂施工图纸;能编制修缮方案。从而使物业公司在各类型的修缮施工中都能应对自如。这样大大有利于物业公司的声誉,可以节约修缮费用,可以加快修缮施工速度,提高修缮施工的经济效益。为此应该从两方面下功夫,加强对人才的培养、管理和使用。

(一) 从实践中锻炼

物业公司的房管人员(含专业技术人员)要利用每一次修缮施工的机会,深入到修缮施工现场,从施工中学习技术,学习看图,学习管理,要向一切内行的人请教学习,知识和经验就是从这种实践中获得的。

(二) 高素质团队

物业公司要有目标的引进专业人员和安排适合的人员去进修培训。特别是有一定实践经历的人员,再参加培训效果最好,进步最快。一个大的综合性物业企业,它就应该拥有一支综合素质较高的修缮工程队伍,完全可以按市场机制运作,即在自己管辖房屋内及管辖范围外都可接受修缮任务。并且能做到任务饱满,经济效益好。

本 章 小 结

修缮施工是建筑工程中的一个分支,它的管理也属于建筑施工管理的一个分支。施工管理与施工技术管理均有它自身的规律性,作为物业企业,就必须掌握维修管理的知识,因为它是物业企业份内工作中的重要一块工作。它能直接影响物业企业的声誉、经济效益。学员学习本章的目的就是掌握修缮施工管理的重点、方法,最终能胜任编制修缮方案的工作。

复 习 题

1. 修缮施工管理与修缮技术管理的关系?
2. 修缮施工管理的主要内容?
3. 物业公司具备什么条件才能进行修缮工程招标?
4. 施工准备工作具体有哪些?
5. 大、中、小修的施工特点?
6. 中、小修施工管理的重点?
7. 修缮施工、竣工验收的程序及管理重点?
8. 物业公司房屋修缮施工技术管理的内容?

第十章 房屋修缮工程造价管理

第一节 修缮工程预算的编制

一、修缮工程预算造价的构成

修缮工程预算造价是对房屋进行修缮所发生的价值的货币表现,它是由在房屋进行修缮时所消耗的社会必要劳动量来决定的。

房屋修缮工程的全部费用,是根据修缮施工图设计、修缮工程预算定额和取费标准等所确定的,也就是在完成该项修缮工程生产过程中所应支出的各种费用的总和。它可划分为直接费、施工管理费和独立费三部分。

(一) 工程预算定额

定额是指在某一房屋修缮工程中,对人力、物力、财力消耗的标准尺度。它反映了一定时期的社会生产力水平。它是具有法令性的经济指标,经国家或其授权单位批准颁发,在其执行范围内,未经授权单位批准,不得任意更改。

1. 修缮定额的特点

由于修缮工程主要是对原建筑物的维修、养护和局部更新,单位工程量小,工地分散,机械化作业程度低,而其中翻修、改建工程又与新增工程相似。因此修缮定额与新建定额之间,两者既有联系,又有区别。

2. 修缮定额的种类及适用范围

定额的种类很多,但不论何种定额,所包含的生产要素是共同的,即人工、材料和机械三要素。根据三要素可制定施工定额(表示某一施工过程中的人工、材料、机械消耗量)、预算定额(是完成某一修缮工程或分项工程的全部人工、材料、机械的消耗量)、概算定额(或称综合预算定额,是预算定额的综合与归纳)。

3. 房屋修缮工程目前一般采用的几种定额

(1) 房屋修缮工程定额:适用于房屋的大、中修工程,凡以原有房屋拆除或改造、接建,配件(设备)的拆旧换新等施工工作做为内容的均采用此定额。它包括土建、暖卫、水电、电梯等工程的维修及油漆保养工程。

(2) 古建筑修缮工程定额:适用于古建筑的修缮。包括宫、院、寺、庙、亭、廊、榭、舫,以及古民居建筑的砖墙、构架、屋面、门窗、装饰等修缮工程。

(3) 房屋抗震加固工程定额:适用于原有房屋进行抗震加固的专用工程定额,它包括房屋抗震加固的全部土建工程内容。

(4) 房屋零修养护工程定额(又称小修工程定额):适用于工程量小,修缮内容零星分散的养护工程的专用定额。包括暖卫、水电、电梯修理等房屋的零星养护工程的全部内容。以上定额除古建筑修缮定额外,有些地区将其他三类定额合为一个。

(二)取费标准(又称地区单位估价表或预算价格)

地区单位估价表是建筑产品的价格表,是编制和审查工程预(决)算,确定工程费用的依据,单位估价表经当地建(计)委批准后,即成为法定的单价。在规定区域范围内所有建设和施工单位都必须执行。

(1)地区单位估价表是依据所在地区的修缮工程预算定额、直接参加生产工人的平均日基本工资、材料预算价格与机械台班定额费用等编制的。

(2)地区单位估价表使用的方法是将定额中各个项目的合计用工数、材料消耗数和机械台班消耗量套乘相对应的单价,即为各个项目的预算价格。编制单位估价表必须按照规定的预算定额项目及其实物量进行。定额中的缺项,在编制地区单位估价表时,可以根据定额的编制原则和方法进行补充,并报原批准单位审批后执行。

(三)预算价格的构成

1. 直接费

直接费是指直接耗用在修缮工程上的各种费用的总和,它由人工费、材料费、施工机械台班费和其他直接费组成。

(1)人工费:是指直接从事施工的工人(包括现场内做水平、垂直运输工作的辅助工人)和辅助生产的工人(如制做预制构件的工人)的基本工资,附加工资和工资性质的津贴。但不包括材料管理、采购及保管人员、驾驶施工机械、运输工具的工人工资,以及材料到达施工现场以前的搬运装卸工人和其他由施工管理费支付工资的人员工资。

(2)材料费:是指为完成房屋修缮工程所耗用的材料、构件、配件和半成品的价值以及周转性材料(如脚手架、模板、临时支撑)的摊销费。

它是工程直接费的主要组成部分。定额中规定的材料预算价格由下列费用组成:材料原价,材料的代销部门的手续费;燃料费;运输费(包括装卸等杂费);材料采购保管费。

(3)施工机械台班费:施工机械台班费以 8h 为一"台班"计算,每一台班所必须耗用的人工、设备应分摊的费用即为一个机械台班单价。其费组成分两类:

第一类费用不因施工地点和条件不同而发生变化,也称不变费用。主要包括下列八项:折旧费;大修理折旧费;经常修理费;替换设备、工具及附加费;润滑及擦拭材料费;安装拆卸及辅助设施费;机械场外运输费;机械保养费。

第二类费用是指,机械在施工运输时发生的费用。这类费用常因施工地点和施工条件的变化而变化,称可变费用。其内容包括:操作工人人工费;动力燃料费(电力、固、气体燃料);养路费(按当地的规定标准计算)。

(4)其他直接费:是指预算定额以外,为满足施工需要所发生的水电以及旧房拆除,旧料回收,废土外运,冬、雨期施工等费用,以及由于修缮工程场地狭小所发生的二次搬运费。

2. 施工管理费

是指为组织和管理房屋修缮工程施工所发生的各项经费。由于此项费用不易摊入工程直接费中,而采取由主管部门根据国家方针、政策和各地区房屋维修施工企业生产管理水平制定的。修缮工程施工管理费的计取方法,目前主要有二种:一种是以工程直接费为基础,按取费百分率计取;另一种是以直接费中的人工工资为基础,按取费百分率计取。

施工管理费包含的项目:

(1)工作人员工资;

(2) 生产工人辅助工资；

(3) 工资附加费；

(4) 办公费；

(5) 差旅交通费；

(6) 固定资产使用费；

(7) 工具使用费；

(8) 劳动保护费；

(9) 检验试验费；

(10) 职工教育、培训费；

(11) 其他费用（包括定额测定费、工程点交费、预算编制费）；

(12) 上级管理费。

3. 独立费

是指为进行修缮工程需要的其他工程费用。这类费用按实际发生和各省、市地区的相应规定单独计取。其计算方法是以直接费或以人工费为基础按百分率来计取。

独立费包含有：

(1) 临时设施费；

(2) 远征工程增加费；

(3) 施工机械迁移费；

(4) 冬、雨期及夜间施工增加费；

(5) 技术装配费；

(6) 其他费用（物价性、工资性补贴所发生的费用）。

4. 法定利润

是按照国家规定的法定利润率计取的修缮施工企业的利润。其计算方法是以直接费和间接费或人工费为基础，按百分率计取。

二、修缮工程预算的编制

修缮工程预算是根据全部的设计资料和现行的修缮工程定额、施工管理费率、材料预算价格（地区单价表）及各项计算标准来编制的。一般分四步进行：

（一）熟悉设计资料和施工现场情况

做预算前，首先要了解查勘设计图及有关做法的文字说明。再有，就是修缮施工的现场情况，其目的是了解设计意图和工程实际损坏情况，然后正确分析各个分部、分项工程的构造情况，准确算出修缮工程的工程量及工程价格。在深入现场了解房屋损坏过程中，还可以发现查勘上的疏忽和设计上不合理或错误的地方，以便于及时修改，避免返工。

（二）计算修缮工程的工程量

1. 重要性

修缮工程工程量是确定修缮工程花费的主要依据。有了它，准备修缮的一方可以根据自己的经济承受力决定修缮计划，进而备料做施工准备；修缮施工企业据此可制定自己的施工方案。所以它对修缮施工承、发包双方（大、中型修缮工程施工方往往是修缮施工企业和物业企业；中小型 修缮施工方往往是物业企业自身）都是极重要的。

2. 计算要求

计算一定要合理、准确、不漏项、不重项，实事求是。

3. 计算依据

主要是依据修缮施工设计图纸及有关资料、修缮工程预算定额和国家规定的工程量计算规则，最终以物理或自然的计量单位，表示出各个具体工程和结构配件的数量。

4. 计算顺序

一般修缮工程是首先计算拆除工程量，其后计算修补工程量。具体算法可以由下向上，再由内向外；先算土建再算设备，最后计算装饰（修），但由于修缮工程自身所致，即散乱零星，也可不必一定遵循上述顺序，只要做到不错、不漏、不重、计算准确，便于套用定额就可以。

5. 计算中应注意的事项

工程量计算完毕后，将计算出的工程量，按照定额中分部分项的顺序，进行同类项合并（指相同的项目加在一起可套用同一定额），目的是简化套用定额的工作量。

（三）编制预算表

单位工程概预算表，见表10-1。

单位工程概预算表　　　　　　　　　　　表10-1

项目名称：

序号	定额编号	子目名称	工程量		价值（元）		其中（元）			市场价主材费合计	工日合计
			单位	数量	单价	合计	人工费	材料费	费用		

编制者：　　　　　校核人：　　　　　审核人：　　　　　年　月　日

(1) 将计算好的各分部分项工程量和已查出的相应预算编号内的预算单价填入预算表内,两者相乘,即得各分部分项工程的预算直接费。在预算书中称此为合价。将各分部分项预算加起来,就是该项修缮工程的预算直接费。

直接费中的人工费,是计算其他各项费用的基础,它是用工程量中的用工量,乘以修缮工程定额中的人工消耗定额,再乘以人工单价得出的。在计算其他各项费用时,要用人工费总计去乘各种费率得到相应的其他各项费用。而人工费总计等于人工费乘1.1系数得到(在此考虑了不可能预测准确的用工量)。直接费中有一项叫做其他直接费,它是用人工费总计乘以40%得出的(也就是说其他直接费率为40%)。

(2) 根据直接费,施工管理费率和独立费率来计算施工管理费,独立费和其他费用,具体计算公式如下:

1) 施工管理费=预算人工费×施工管理费率;
2) 独立费=预算人工费×独立费率;
3) 材料调价应根据现行有关文件的规定来确定;
4) 法定利润=(直接费+施工管理费+材料调价)×法定利润率(一般为2.5%)

其中直接费=(人工费+材料费+机械使用费+其他直接费),括号内的人工费和其他费的计算前面已说明,材料费=工程量×材料消耗定额×材料单价;机械使用费=机械工程量×机械台班使用定额×机械台班使用单价。

5) 工程造价=直接费+施工管理费+独立费+材料调价+法定利润;
6) 查勘设计费(各地均按各地的定额计算);
7) 附加工人工费=附加工工日×(人工基本工资+人工费调整数);
8) 人工费调整=定额预算总工日×人工费调整数;
9) 工程总造价=工程造价+查勘设计费+附加工人工费+人工费调整。

修缮工程一般主要使用中、小型机械,做预算时往往是用直接费中的人工费作收费基数,乘以规定的费率(天津市房屋修缮工程中、小型机械费率见表10-2,但各地区可能不同),得到中、小型机械使用费。如果在修缮施工中用到了大型施工机械,应由甲、乙双方协商确认,可按实际发生计取,并计取发生费用的一定百分比(天津市为2.5%)作为管理配合费。

修缮工程预算的内容及费率　　　　表 10-2

包工包料工程		单位(%)
工 程 类 别	土建修缮工程	设备、水、电修缮工程
取 费 基 数	预算基价中人工费合计	
中小型机械费	6.58	8.88

包工不包料工程			单位(%)
工 程 类 别	土建修缮工程	设备、水、电修缮工程	土建单拆工程
取 费 基 数	预算基价中人工费合计		
中小型机械费	6.44	6.45	6.44

以上编制修缮工程预算的内容为基本的参考模式(表 10-2),各地区近年来都简化了上述计算模式。其中天津市按修缮工程分类制定了各自的预算内容见表 10-3~表 10-6。

土建包工包料修缮工程　　　　　　　表 10-3

序 号	项 目	计 算 方 法
(1)	预算基价合计	Σ(工程量×预算基价)
(2)	中小型机械费	Σ基价人工费×相应费率
(3)	利 润	[(1)+(2)]×相应利润率
(4)	施工组织措施费	按规定计算
(5)	差 价	按规定计算
(6)	合 计	(1)+(2)+(3)+(4)+(5)
(7)	含税造价	(6)×(1+相应税率)

设备、水、电包工包料修缮工程　　　　　　　表 10-4

序 号	项 目	计 算 方 法
(1)	预算基价合计	Σ(工程量×预算基价)
(2)	基中人工费合计	Σ基价人工费
(3)	中小型机械费	(2)×相应费率
(4)	间 接 费	(2)×相应费率
(5)	利 润	(2)×相应利润率
(6)	施工组织措施费	按规定计算
(7)	差 价	按规定计算
(8)	合 计	(1)+(3)+(4)+(5)+(6)+(7)
(9)	含税造价	(8)×(1+相应税率)

土建、设备、水、电包工不包料修缮工程　　　　　　　表 10-5

序 号	项 目	计 算 方 法
(1)	预算基价人工费合计	Σ基价人工费
(2)	中小型机械费	(1)×相应费率
(3)	间 接 费	(1)×相应费率
(4)	利 润	(1)×相应利润率
(5)	人工费调整	按规定计算
(6)	合 计	(1)+(2)+(3)+(4)+(5)
(7)	含税造价	(6)×(1+相应税率)

土建单拆包工不包料工程　　　　　　　　　表10-6

序　号	项　目	计　算　方　法
(1)	预算基价合计	Σ(工程量×预算基价)
(2)	基中人工费合计	Σ基价人工费
(3)	中小型机械费	(2)×相应费率
(4)	间接费	(2)×相应费率
(5)	利润	(2)×相应利润率
(6)	差价	按规定计算
(7)	合计	(1)+(3)+(4)+(5)+(6)
(8)	含税造价	(7)×(1+相应税率)

预算基价：内含人工费、材料费和施工管理费，是将直接费合在一起的定额。

间接费费率：指修缮工程管理费费率。

利润率：它与修缮工程类别、规模及包工包料或包工不包料的形式有关，各自取不同的百分比。

差价：分人工费、中小型机械费差价和材料费差价。前者按当地政府主管部门颁布的工程信息及相关文件为准进行调整；后者以双方确认的购入材料的发票为依据进行调整。

施工组织措施费：按当地政府主管部门颁布的规定计取（天津市是按预算基价的1%计取）。

人工费调整：根据合同约定进行。

税率：按国家税法规定稽征的营业税、城市维护建设税、教育费附加的规定计取，当纳税地点不同时，税率有所不同（天津市在市区的税率即修缮施工在市区范围内，其税率为造价的3.41%；不在市区的为3.35%）。

三、编制预算涉及的两个问题

（一）预算和竣工结算之间的关系

一般修缮工程开工前要编制预算，竣工后要编制竣工结算。对于基建工程一般实行"预算包干"，即工程不出大的变更，结算价格不应超出预算价格。而修缮工程在修缮过程中的"变数"较大，很难准确预测出确切的工程量，发生预算外工程的可能性较大，只有活完了才能确定。所以一般修缮施工合同签订时，承、发包双方在合同条款中应写明按实际完成量进行结算的条文为妥。但也不排除"包死"价格的合同，这种情况等于把修缮施工的风险加给了施工方。为此承包方的报价，应把这种风险考虑进去。

（二）材料价格的调整

一般新建工程在市场运行机制下，存在施工期较长的不利因素，特别要考虑施工期间，各类建筑材料、制品、配件等价格的变化因素。为此在双方合同条文中就有两类处理方式：一是考虑价格变化，最终结算按实际价格进行；另一种是固定价，即把价格定的高些或有其他优惠条件，但结算时只按预定价结算。实际上把风险转到承包方一方承担，这对于工程量小，施工工期短的项目，特别是施工方很有经验的项目，也是完全可以接受的。修缮工程如果工程量不是很大,材料用量较单一,也可签订固定价款的合同(所需材料市场稳定甚至由于用量不是很大,可一次买全),如果不是这种情况亦应在合同中规定按实际发生价结算的条文。

这种合同条文要注意结算依据:
(1) 工程验收单和竣工报告;
(2) 工程合同;
(3) 经批准的工程预算;
(4) 双方协定的临时定额(若有的话);
(5) 预算外费用及工程变更的签证;
(6) 材料设备及其他费用的调整依据及有关定额费用调整的补充规定;
(7) 隐蔽工程验收记录。

第二节 房屋修缮的工料计算

一、定额概念

有关修缮工程需要的工日数及材料需要量按房屋修缮工程定额进行计算确定。

(一) 单位工程的人工定额

人工定额包括时间定额和产量定额:

1. 时间定额

是指某种专业技术等级的工人班组或个人,在合理的劳动组织与合理使用材料的条件下,完成单位合格产品所必须的工作时间。包括准备与结束时间、基本生产时间、辅助生产时间、不可避免的中断时间及工人必须的休息时间。它的单位是工日,一工日以一个工人工作 8h 计算,具体写法如下:

一个工人完成单位产品所需工日,表示为:工日/单位产品。一个班组完成单位产品所需工日,表示为:人工日数总和/单位产品。

2. 产量定额

是指在合理的劳动组合与合理使用材料的条件下,某种专业技术等级的工人班组或个人在单位工日中所应完成的质量合格的产品数量。它与时间定额互为倒数,即:单位时间内完成合格产品的数量,表示为:数量/工日。

人工定额反映了产品生产中,活劳动消耗的数量标准。它不仅关系到施工生产中劳动力的计划、组织和调配,而且关系到按劳分配原则的贯彻,同时也是企业经营管理和施工生产中的主要依据。

(二) 单位工程的材料消耗定额

它是指在节省和合理地使用材料的条件下,生产单位合格产品所必须消耗的一定品种规格的材料、燃料、半成品、配件等的数量标准。在修缮过程中,材料消耗量的多少,对于所修工程的价格及修缮工程本身的成本有着直接的影响。材料定额支配着材料的合理调配和使用,在产品数量和材料质量一定的情况下,材料供应量和需要量取决于材料定额。用科学的方法正确地规定材料定额,就有可能保证材料的合理供应和使用,减少积压、浪费和供应不及时现象的发生。定额表达如下:

完成单位合格产品所应消耗的产品数量:数量/单位产品。

(三)机械台班产量定额

它是指确定的某种型号的施工机械在规定的情况下(有特定规定),每个台班(工作8h为一台班)应完成的产量,表述如下:产量/台班。

二、修缮工程的工料计算

工料计算是在"工料分析表"上进行的,见表10-7。

工 料 分 析 表　　　　　　　　　表10-7

定额编号	工程项目	工程单位	工程数量	工料规格单位数量					
				定额	数量	定额	数量	定额	数量

具体步骤如下:

(1)抄写项目与数量:按照工程预算表的排列顺序,将各工程细目的定额编号、项目名称和工程量等抄写到工料分析表中,见表10-8。

(2)查抄工料与定额:根据(1)步所写的定额编号,写入"工程预算定额"中,将各项细目所需的工料名称和定额数量,逐一抄写到工料分析表内,见表10-8。

在"一、土方工程"中的各项,均只有"普通工"和"其他工"两个定额,故在工料分析表中只需填两列,后面可空着,而"三、砌筑工程"中有"砌筑工"和"其他工",为节约用纸,"其他工"可共用一列,在"普通工"列下面,填写"砌筑工",其余的各定额继续往后填写,直到把各定额都查抄出来。

(3)计算工料数量:根据第(2)步所列出的数据,将每项工程细目的各"定额"分别与该项"工程量"相乘,即得出相应的数量,如1-13项中 3.85×19.19=73.88 和 0.39×19.19=7.48,详见表10-9。

按此方法,将所有项目的工、料、机都计算出来,然后按照"分部工程"小计起来,填在相应在的栏内,如"土方工程"中"普通工"小计为160.32,"其他工"小计为16.07等。

(4)进行工料汇总:当分析表中所有项目都计算完成后,对各个"分部工程"的小计进行分门别类,把工种相同、材料规格相同、机械型号相同的数字,分别累加起来,最后填写到一个"汇总表"内,见表10-10。

工料分析表

表 10-8

定额编号	工程项目	工料 单位 规格 数量 单位	工程量	普通工 (2.4级) 工日 定额	普通工 数量	其他工 (2.4级) 工日 定额	其他工 数量	标准砖 千块 定额	标准砖 数量	水泥 325号 kg 定额	水泥 数量	…… 定额	…… 数量
一	土方工程												
1-13	人工挖地槽	10m³	19.19	3.85		0.39							
1-33	余土外运(100m)	10m³	5.143	2.89		0.27							
34	平整场地	100m³	6.676	4.59		0.46							
1-43	原土打夯	100m³	2.399	1.433		0.14							
1-44	回填土(夯填)	10m³	14.047	2.67		0.27							
1-46				砖瓦工		其他工							
三	砖石工程												
3-1换	50号混合砂浆砖基础	10m³	7.07	9.55		3.07		5.18		459			
3-24	25号混合砂浆砖内墙	10m³	21.422	11.41		3.29		5.282		270			
3-64	25号混合砂浆砖外墙	10m³	11.882	12.66		3.41		5.303		270			
3-108	25号混合砂浆砖空斗墙	10m³	29.808	9.42		2.26		4.03		140			
3-183	小型砖砌体	10m³	0.200	21.82		4.31		5.464		241			
	：：												
	总 计												

工料分析表

表 10-9

定额编号	工程项目	工程单位	工料规格数量单位	普通工 (2,4级) 工日 定额	普通工 (2,4级) 工日 数量	其他工 (2,4级) 工日 定额	其他工 (2,4级) 工日 数量	标准砖 千块 定额	标准砖 千块 数量	水泥 325号 kg 定额	水泥 325号 kg 数量	…… 定额	…… 数量
一	土方工程				160.32		16.07						
1-13	人工挖地槽	10m³	19.19	3.85	73.88	0.39	7.48					…	…
1-33 34	余土外运(100m)	10m³	5.143	2.89	14.86	0.27	1.39					…	…
1-43	平整场地	100m²	6.676	4.59	30.64	0.46	3.07					…	…
1-44	原土打夯	100m²	2.399	1.433	3.43	0.14	0.34					…	…
1-46	回填土(夯填)	10m³	14.047	2.67	37.51	0.27	3.79					…	…
三	砌筑工程			砌筑工	747.53	其他工	200.93		334		164.58		
3-1换	50号混合砂浆砖基础	10m³	7.07	9.55	67.52	3.07	21.70	5.18	36.62	459	3245	…	…
3-24	25号混合砂浆砖内墙	10m³	21.422	11.41	244.43	3.29	70.48	5.282	113.15	270	5784	…	…
3-64	25号混合砂浆砖外墙	10m³	11.882	12.66	150.43	3.41	40.52	5.303	63.01	270	3208	…	…
3-108	25号混合砂浆砖空斗墙	10m³	29.808	9.42	280.79	2.26	67.37	4.03	120.13	140	4173	…	…
3-183	小型砖砌体	10m³	0.200	21.82	4.36	4.31	0.86	5.464	1.09	241	48	…	…
	……				…		…		…		…		
	总 计												

工料汇总表　　　　　　　　　　　　表 10-10

序号	工料名称	规格	单位	数量	备注	序号	工料名称	规格	单位	数量	备注
1	普通工		工日	155.07		1	钢材		t	10.692	
2	其他工		工日	500.68			其中	直径 5 内	t	0.25	
3	砌筑工		工日	59.70				直径 10 内	t	2.014	
4	架子工		工日	128.64				直径 10 外	t	3.411	
5	木　工		工日	604.73				直径 5 预应力	t	4.292	
6	油漆工		工日	179.98				碳素钢丝	t	0.404	
7	钢筋工		工日	120.06				铁件	t	0.321	
8	混凝土工		工日	403.04		2	木材		m³	25.353	
9	起重工		工日	116.19			其中	中枋	m³	5.505	工程用材
10	电焊工		工日	1.53				小枋	m³	11655	19.839m³
11	防水工		工日	36.60				薄板	m³	2.679	
12	玻璃工		工日	12.50				施工中方	m³	1.212	
13	抹灰工		工日	1010.16				施工小方	m³	0.261	施工用材
14	白铁工		工日	30.66				模板	m³	4.041	5.514m³
	小计		工日	3359.54		3	水泥	325 号	t	142	

第三节　修缮工程成本管理

一、修缮工程成本及管理要求

修缮工程成本是全面反映施工生产活动及各项管理工作质量的一个综合性指标。加强修缮工程成本管理,对于物业企业或修缮施工企业实行经济核算,改善经营管理都有重要意义。

在实际工作中,修缮工程成本可分为三类:预算成本、计划成本和实际成本。

(一)预算成本

是指按修缮工程预算定额计算的预算造价,按照成本项目的核算内容进行分别归类而得到的成本。

(二)计划成本

又称成本计划,是指为了有步骤地降低工程成本而编制的内部控制修缮成本的具体计划指标,它是修缮施工企业内部编制的成本。

(三)实际成本

是修缮工程实际支出的生产费用的总和,它是反映修缮企业经济活动的综合指标。

(四)三类成本间的关系

(1)没有预算成本,物业企业就无法控制修缮费用,无法获得修缮资金,也无法编制修缮施工招标标底,施工企业就无法有一个合理费用的保障。

(2)没有计划成本,修缮施工企业就不可能有效地控制工程成本,也就使自身处于一种无法控、防的风险中。

（3）实际成本有了上述两类成本的监控，将能较理想的控制在两类成本均能接受的范围内，并且通过与预算成本和计划成本的比较，反映出这种监控的效果。

用实际成本与预算成本相比，可以反映成本实际盈亏情况；用实际成本与计划成本相比，可以反映出，预先计划的各项成本指标的达到情况。以上两种比较从工程开始就要进行，并贯穿工程始终，从而形成对成本的动态全过程控制。

（五）做好成本控制管理

充分挖掘内部潜力，不断降低修缮工程成本，要注意做好以下几方面的管理：

1. 物业维修费用的使用管理以商品住宅为例，它是以各地区制定的《物业管理条例》中规定的来源、提缴办法及使用要求为依据而运作的。自2002年12月1日起，国务院向全国颁布的《物业管理条例》实行后，各地可能均参照此条例做了重新规定，其中维修基金的来源、缴存及使用的主要精神均与国务院颁布的《物业管理条例》一致，但因各地经济及社会发展水平的不一致，在缴存比例上会有些差别（如上海为购房款总额的2%，而天津为1%；有电梯配置时上海为3%，而天津仍为1%）。

维修基金提缴、归集到房地产行政主管部门指定的商业银行，并开设按幢、门、户（套）为单位的专用账号。业主会成立后，城市的物业维修基金管理机构（一般为市房地产管理部门）应将该物业管理区域内维修基金明细账目，提供给业主会委托的物业管理服务企业代管。物业管理服务企业应当依据维修基金明细账目，按幢、门、户建立明细台账，使用维修基金应遵循下列程序：

（1）物业管理服务企业应当依据业主的要求或物业的实际情况，提出维修项目，制订维修方案。

（2）商品住宅共用部位、建筑内的设备维修方案应当征得相关业主的书面同意，物业管理区域内共用设施、设备维修方案，应当征得业主会或者业主代表会的书面同意。

（3）物业管理服务企业向物业所在地的区县房地产行政主管部门备案，并提交下列文件：

1) 基金余额证明；

2) 维修（含维修计划和预算）方案；

3) 业主或业主代表会同意使用维修基金的书面证明。

（4）银行接到备案的证明后，将预算所需维修基金划拨到维修基金使用专户。

（5）维修工程完成后，物业管理服务企业应当将加盖公章的费用清单、发票原件及维修决算报告告知相关业主会，业主委员会主任、副主任共同签章后，将决算费用按照业主拥有住宅建筑面积的比例分摊到户，在业主户账中列支。

2. 正确区分费用支出，严格执行规定的成本开支范围和费用开支标准。修缮工程成本开支范围是由国家或地方的《物业管理条例》中统一规定的，各种支出，具有不同性质和出处。必须严格划清其界限（如小修费用与大、中修费用的出处不同），以确保成本计划的正确性。

3. 加强成本管理基础工作，建立健全定额管理，原始记录和计量与验收制度。

4. 建立健全内部成本管理责任制，各职能部门对成本工作都应担负一定的职责，以加强对成本的控制与监督。

5. 加强预算管理，搞好预算审查，进行预算成本分析，考核实际成本升降。

6. 搞好调查研究,及时解决存在的问题,要深入修缮现场,切实了解各方面、各环节存在的问题,特别是潜在的问题,找出原因,有针对性地提出解决的办法,及时总结经验教训。

二、降低修缮工程成本的途径

修缮工程成本的构成因素决定降低工程成本的途径,主要有以下几方面:

(1) 努力提高企业领导、技术人员、管理人员及生产工人的科学技术水平和业务能力,这是降低成本、提高经济效益的关键。结合修缮施工的特点建设一支服务作风好、具有技术专长、又会管理的职工队伍,是使企业在市场经济体制下成功发展的正确之道。

(2) 按查勘、设计方案进行修缮,坚持修缮原则,不任意扩大修缮范围和等级,保证修缮质量。

(3) 用料应精打细算,大材不小用,优材不劣用,做到物尽其用。修缮工程要特别重视在保证质量的前提下对旧料的充分利用,因为修缮工程成本中,材料费用差不多占到总费用的三分之二,如果能充分利用旧料,将会产生可观的经济效益。

(4) 努力提高劳动效率。因为修缮施工往往零散、面广、工种多,安排不好极易窝工,所以要对修缮班组进行合理的调配和组合,科学地安排好各道工序的衔接,尽可能采用流水施工或搭接施工方式,这样可以起到事半功倍的效果。另外,在工人中推行"一专多能"和"一工多技"的管理要求,可在碎(小)修施工中明显提高劳动效率。

(5) 本着勤俭节约的方针,精简管理人员,实行岗位责任制,提高工作效率,降低管理费开支。

三、中修工程实例

天津市××区××××住宅小区1、2、3号楼电线改造工程

该工程建筑面积1950m^2,116间。

(一) 修缮工程概况

该房屋是1995年建造的六层砖混结构单元楼房,由于当时设计考虑不周,所布电线断面太小,对居民日益增长的用电负荷已不适用,经常发生烧坏保险的事情,且个别业主私改自家电线与原配保险不配套,存在巨大安全隐患。在征得业主大会同意后,小区物业管理公司着手进行1、2、3号楼拆换电线工程的准备工作。

(二) 查勘鉴定工作

物业公司安排本公司房屋维修部专业人员,并请电力维修部门的技术人员协同完成勘测工作和拆换电线设计工作。

(三) 拆换方案

在查勘的基础上由物业公司修缮部独立做出拆改方案如下(该方案已获得电力维修主管部门的认可):

(1) 为了少扰民,物业公司与电力维修服务公司订立了合同,集中一周时间(2003年10月11日至16日共计6天)进行拆换施工。每幢楼两天,且制定详细计划,使在各户居民家实际只施工一天,把施工给居民带来的影响降到了最低。

(2) 订出拆换工程技术标准如下:

1) 导线敷设连接应采用压接或锡焊接。各种压接帽的型号与导线同规格、同材料。压接帽内的金属管内应装满导线芯,导线芯不得露出压接帽。

2) 导线与开关、插座连接必须牢固可靠,管、槽内不许导线有接头。

3) 塑料槽板配线要敷设在干燥、无高温位置,槽内外应平整光滑,无扭曲变形。槽底板固定点的间距应小于 500mm,距终端 50mm 处应有固定点。槽板与各种器具的底座连接时,导线应留有余量。

4) 护套线可直接敷设在楼板墙壁的表面,但不得直接埋入抹灰层内暗敷设,也不得在室外明敷设。

5) 护套线明敷应平直,不应有松弛和曲折的现象,护套线在穿越楼板、墙壁时应加保护套管。

(四) 作出此项改造工程的概算

由于修缮工程有其专用定额,故物业公司应与进行修缮施工的电力维修公司订立合同,可委托施工单位编制工程概预算(见表10-11),及汇总的各项费用(见表10-12),物业公司聘请专业人员进行审核后。交业主委员会通过。

(五) 物业公司制订出保证施工质量和安全的措施如下

1. 保证质量的措施

(1) 工程中使用的电线,敷设用线槽、线管、各种电器材料等必须符合查勘设计规定的要求。

(2) 槽板、线管敷设时应横平竖直并与墙体装订牢固,不应有翘曲、松动现象。

(3) 槽板、线管内的电线不得有接头、扭绞和受挤压的情况,各线盒内接线应留有余地。

(4) 对施工造成的孔、洞等应补抹整齐。

(5) 工程交验时各条电线均应对地面进行绝缘测试,绝缘电阻应大于 0.5 兆欧。对漏电保护器开关,应测试其动作是否灵敏可靠,所有质检应做文字记录。

2. 安全措施

(1) 电工作业须持证上岗,并应穿戴好绝缘防护用品。

(2) 作业中,电源切断点应可靠、明显,并应悬挂"有人操作,请勿合闸"的标志牌。断电、恢复供电应为同一人主持,禁止约时送电(防止遗忘或有突发情况发生)。

(3) 手持电动工具,应使用双重绝缘的产品。

(4) 施工临时照明、接用电动工具的临时线路导线,必须绝缘良好,装接牢固,不得拖地,且必须装设漏电保护器开关,每日班前均要检查。

(5) 不得使用金属梯子、高凳,应使用木制且带有防滑的梯子、高凳。

物业公司在整个拆改施工中要成立专门小组,负责施工现场的管理,做好业主与施工单位沟通的"桥梁"工作,保证施工顺利进行。

工程概预算表 表10-11

序号	定额编号	子目名称	工程量		价值(元)		其中(元)		市场价主材费	工日合计
			单位	数量	单价	合价	人工费	材料费		
1	1-18	管内导线拆除	百米	6.00	10.18	61.08	61.08			1.80
2	1-40	配电箱、盘、板拆除	块	30.00	20.36	610.80	610.80			18.00
3	1-53	刀型开关	台	30.00	7.13	213.9	213.9			6.30
4	1-66	胶盖闸1.5	台	30.00	1.02	30.60	30.60			0.90
5	1-109	座灯口	10套	10.20	27.14	276.83	276.83			8.16

续表

序号	定额编号	子目名称	工程量 单位	工程量 数量	价值(元) 单价	价值(元) 合价	其中(元) 人工费	其中(元) 材料费	市场价主材费	工日合计
6	1-116	开关明装	10套	10.30	6.79	69.94	69.94			2.06
7	1-119	插座明装	10套	10.50	6.79	71.30	71.30			2.10
8	2-7	槽板配线整修二线导线截面2.5	百米	12.42	183.83	2283.17	1415.63	867.54	195.62	41.73
9	2-8	槽板配线整修二线导线截面4	百米	4.00	183.83	735.32	455.92	279.40	119.04	13.44
10	4-9	配电板(半周长)1m内	块	30.00	30.82	924.60	621.00	303.60		18.30
11	4-96	单项额定电流(A)15	个	30.00	5.26	157.80	142.50	15.30	101.70	4.20
12	7-1	照明线路导线截面2.5	百米	25.00	35.68	892.00	890.50	1.50	1313.00	26.25
13	7-2	照明线路导线截面4	百米	3.80	24.49	93.06	92.83	0.23	332.77	2.74
14	7-104	明装普通接线盒	10个	19.20	35.37	679.10	573.12	105.98	107.71	16.90
15	8-1	软线吊灯	10套	22.00	60.02	1320.44	738.98	581.46	266.64	21.78
16	8-3	座灯头	10套	18.00	67.15	1208.70	604.62	604.08	90.90	17.82
17	8-104	拉线开关	10套	18.30	42.68	781.05	540.22	240.83	205.33	15.92
18	8-113	明装插座规格单项15	10套	21.00	42.80	898.80	619.92	278.88	107.10	18.27
19	13-17	砖墙打眼半砖	个	30.00	3.74	112.20	112.20			3.30
20	13-18	砖墙打眼一砖	个	32.00	6.04	193.28	193.28			5.70
21	13-37	补墙眼单面	10个	12.00	48.72	584.64	447.84	136.80		13.20
22	B:1-1	安漏电保护	个	30.00	11.00	330.00	90.00	240.00		
		1%零星材料费				36.56	1.00	36.56		
		合计				12565.17	8873.01	3655.60	2839.81	258.87

工 程 费 用 表　　　　　　　表10-12

行号	序号	费用名称	取费基数	费率(%)	费用全额(元)
1	一	预算基价合计	基价+市场价主材费		15404.98
2	(1)	其中人工费合计	人工费		8873.01
3	(2)	其中材料费合计	材料费		3655.60
4	二	中小型机械费	人工费	8.88	787.92
5	三	间接费	2	93.10	8260.77
6	四	利润	2	55.45	4920.08
7	五	施工组织措施费			
8	六	材料差价	按国家物价部门的指数或合同规定		
9	七	按实列支			
10	八	清　工			
11	九	合　计	1+4+5+6+7+8+9+10		29373.75

此工程序号五、六、七、八各项没发生。

本 章 小 结

　　物业公司作为物业维修的管理者必须清楚在一项修缮工程中的各种花费,其中不光要清楚这些费都有哪些方面,还要清楚每一种花费的理由、构成等等。只有清楚了解并掌握这些知识,才能管理好这些费用的支出,也才能维护好业主的利益。本章重点讲解了修缮工程预算造价和修缮工程所用工、料的计算方法,并阐明了修缮花费的内容、种类、理由等问题,同时归纳了加强成本管理的经验。

复 习 题

1. 修缮工程预算定额概念?
2. 修缮工程预算造价的构成?
3. 修缮工程定额的种类及适用范围?
4. 直接费用的组成?什么是人工费总计?
5. 其他直接费的构成?
6. 管理费的构成?
7. 独立费的构成?
8. 修缮工程预算编制步骤?
9. 预算成本、计划成本的作用?
10. 降低修缮成本的途径?

参 考 文 献

1. 李承刚主编.建筑防水新技术.北京:中国环境科学出版社,1996
2. 彭圣浩主编.建筑工程质量通病防治手册.第二版.北京:中国建筑工业出版社,1990
3. 吕西林主编.建筑结构加固设计.北京:科学出版社,2001
4. 潘蜀健主编.物业管理手册.北京:中国建筑工业出版社,1999
5. 北京房地产业协会编.房屋维修养护管理手册.北京:中国建筑工业出版社,1995
6. 《房屋修理和养护知识》编写组.房屋修理和养护知识.天津:天津教育出版社,1988
7. 田永复编著.编制建筑工程预算问答.北京:中国建筑工业出版社,1989